[日] 松下幸之助 著
蒋敬诚 译

天心

松下幸之助的哲学

いかに生き、いかに栄えるか

人民东方出版传媒
东方出版社
The Oriental Press

推荐序

创业者松下幸之助于1894年出生在日本一个农村富裕家庭，后因父亲经营失败，9岁时被送到商户家做学徒。虽历经磨难，但锻炼出了坚韧的品格，为其日后战胜艰难困苦奠定了坚实的基础。

松下先生自创业以来不断遇到难以预料且不可避免的各种困境，其中三次是关乎存亡的重大危机。第一次是在23岁创立松下电器器具制作所之时，由于资金短缺且经验不足，创业初期就面临破产。松下先生靠信守诚信的口碑，度过了创业之初的艰难时刻。第二次是战后被指定为财阀企业，51岁的松下先生被解除职务、公司被解体、资产完全被冻结。虽遭受如此重创，但松下先生毫不气馁，一边鼓励员工奋力工作一边成立了PHP研究所，探索通过创造繁荣带来和平及幸福的真谛。松下先生的呼吁赢得了深陷困境的民众的共鸣与支持，被认为是和资本家对立的数万名松下公司员工联名要求为松下先生平反，经过一年多的努力，他终于重新回到了工作岗位。第三次困境是1964年东京奥运会结束后，日本经济下滑，松下的销售公司和代理店都陷入了流动资金短缺的困境，当时已经退居二线的松下先生又挺身而出，带领公司走出了困境。

正是一次又一次于困境之中成功地摆脱了危机，才让他对经营有了更深刻的思考，从而使他从一位企业家逐渐转变成思想家、哲学家。

说到松下先生和中国的渊源，是从1978年10月邓小平先生访问松下公司开始的。邓小平先生提出希望松下老先生帮忙推动中国的现代化建设，松下先生当即应许。邓小平先生回国后不到两个月，十一届三中全会就召开了，会议决定了把国家的工作重心转移到经济建设上，实行改革开放。

1979年6月松下先生访华，向邓小平先生提出了创建日中合资企业的构想，而且认为支援中国经济建设只靠松下公司一家是不够的，他希望和其他日本企业共同出资，为中国经济做出贡献。松下先生回国后不顾84岁的高龄，在日本各界进行了多方协调。但是那时，中国改革开放刚刚开始，日本企业认为在中国投资为时尚早，拒绝了松下先生的请求。1980年5月华国锋先生赴日本访问期间，松下先生到华国锋先生的住地，说明了没能说服其他企业一起到中国投资的情况并表达了歉意。1980年10月，松下先生再度访华，向邓小平先生表明了单独在华投资的意愿。经过双方的共同努力，于1987年成立了北京·松下彩色显像管有限公司。

2018年中国改革开放四十周年，松下先生被评为"国际知名企业参与中国改革开放的先行者"，获得了国家主席习近平颁授的中国改革友谊奖章。这是对松下先生以及松下集团的莫大肯定和鼓舞。2020年，在企业家座谈会上，习近平主席赞许松下先生"既是管理大师，又是创新大师"。

早在20世纪20年代，松下先生就提出了"企业是社会公器"的理念，强调企业的社会责任。从那时开始，他的经营理念开始流传开来，逐渐对后世产生深远影响，他则被誉为"经营之神"。

松下先生的一生都在探索如何让人们的生活更加幸福。虽然创业者已经故去多年，但是作为企业的传承者，我也始终秉承着松下先生的经营理念及哲学思想经营着松下集团，并带领松下集团以更蓬勃的姿态迈进了第二个百年。

这本书呈现了松下先生探索通过繁荣带来和平及幸福的论述，充分体现了具有人类社会普遍价值的宇宙观、人生观和世界观。在当时的社会、科技发展以及思想背景下能够提出这般理念着实让人钦佩，这些论述的提出虽然已经过去了半个多世纪，但是我们依然能够从这些思想中受益，获得无限启示。

松下电器产业株式会社　集团代表董事　副社长
中国东北亚公司　总裁 CEO

2021 年春　于北京

目 录

01 | 第一章
自然·宇宙

- 003　繁荣的根基
- 007　生成发展
- 012　大义的意义
- 019　和谐的本质
- 025　大自然的恩惠
- 029　素直之心

02 | 第二章
人　类

- 037　人类的目的
- 042　人类的天命
- 051　人性
- 056　理性与本能

061 善与恶
067 欲望的善恶
073 信任与理解
078 杀生的含义

03 | 第三章
人　生

085 人生的意义
090 天分的自觉
096 人的成功
101 礼的本义
108 信仰的理想状态（一）
115 信仰的理想状态（二）
120 礼与修养教育
125 烦恼的本质
131 健康的原理

04 | 第四章
社　会

139 繁荣的社会
146 国家与世界

152　国民生活的意义
159　和谐思想
163　经济的目的
170　生产和消费
175　财富的本质
182　学问的使命
186　教育的根本
191　文化的意义

05 第五章 政　治

199　政治的要诀
204　民主主义的本质
214　政治的责任
220　政治家的职责
226　公职人员的待遇
231　税收的公平
238　宪法的渊源

第一章 自然・宇宙

繁荣的根基

真理赐予人类无尽的繁荣、和平和幸福。

人类之所以会有贫穷、焦虑等烦恼,皆因受囚于人智,歪曲了真理。

故此,人人持素直之心①,努力顺应真理,共同营造身心俱佳的宜居社会,乃必为之务。

---

① "素直之心"是松下幸之助哲学思想的核心概念之一。日语中的"素直",有率直、坦荡、自然、顺从之意,本书中的"素直之心"有其丰富的内涵,后文有专门章节进行论述,为尊重原语,本译作直接借用原词。——译者注

上天赐予的生命

自由游走的鸟兽,一看就知道它们那份嬉戏的快乐和无忧无虑。

有一位猎人说,他烹饪过鸟兽无数,只只健硕,从未发现有营养不良的。这大概是因为鸟兽的营生顺从自然,遵从自然之理吧。

然而,反观我们人类的现实生活,虽然拥有比鸟兽出色得多的智慧,但常常会营养不良,有时还会自己断送自己的性命。并且,往往很容易陷入贫穷的困境,生出无尽的烦恼。

那么,让人类跌入这种悲惨境遇的原因究竟是什么?我想,最终的原因还是人类没有与自然和谐相处的生活态度。

有人会想,人类可以依靠科学的力量来征服自然,让自己的生活幸福起来。比如,可以在海岸填海造地,在人造的数十万町步(日本以町为单位计算山林、田地面积时使用的量词。——编者注)土地上建造工厂,并利用科技的力量让工厂高效地运转。于是乎,我们的处境就会越来越好,生活也将更加便利。这样一想,也的确如此。所以,认为人类的力量可以解决一切问题,大体上也不是没有道理。

再比如,人类建房造屋,开矿挖煤,开发电能,点亮电灯,将家里照得灯火通明。人类的这些活动,其中的大部分难道不是在大自然的安排和支撑下才得以实现的吗?也就是说,人类自己思考、自己动手的部分,从总体来看不过占百分之一、二百分之一而已，绝大部分都是大自然的力量早已安排妥当了。人类所要做的，就是持续探索下去。如果为了追求合理的生活方式和过上富足的幸福生活，而迷信自己的智慧并将其奉为无上的法宝，实际上只会一事无成。

在恢宏的大自然面前，人类的智慧是微不足道的。如果忘记了这一点，忽视人类是在大自然的恩赐下才得以生存的事实，认为仅仅是依靠人类的智慧在行动的话，狂妄自大的人智就会占据上风，就会逐渐远离"遵从自然之理"这一行动的准则。于是乎，即便是那些智者贤达，也只依靠自己的智慧来判断事物，其所思所想极易落入自我本位、以自我为中心的窠臼，最终在行动上变得自以为是，独断专行，人类的生活就会在不知不觉中走向不幸。

但是，如果认识到这一点，人们在从事各种活动时，其所思所想就会自然而然地平和起来，秉持一种与大自然和谐相处的生活态度。如此，无限的繁荣、和平和幸福就必定会到来。

素直之心开启慧眼

实际上，前面讲的道理，早在两千多年前释迦牟尼、耶稣和孔子等众多先人就都详细阐释过，但直到现在，依然很难说人类已经顺利地实现了繁荣、和平和幸福。

那么，如何做才算是践行了上述教诲，算是拥有了与大自然相协调的合理的生活态度呢？我认为，答案就是要一心一意让自己拥有一颗素直之心。只要有一颗素直之心，就会渐渐地理解众人的教诲，并让它陪伴自己的一生。

拥有素直之心，就会开启慧眼，感悟自然之理。其结果，不问贤愚，看事看物就都能避免牵强无理的想法，也会自然清晰地分辨正邪。

有一句成语，叫"以柔克刚"，素直之心就属于"柔"。"刚"，乍一看很是强势，但它在人类智慧的作用下总是以顽固不化的面目出现，反而变得脆弱且难以变通。所以柔能克刚。也有典故说，"盘圆水圆，盂方水方"。素直之心如同水，能随机应变，顺应自然，看似柔弱，实则能顺应万物，掌握大局，拥有非常强大的力量。所以，素直之心是真正追求真理的态度，是实现繁荣、和平和幸福的源泉。

那么，如何才能拥有一颗素直之心呢？这其实是一件非常难的事情，并不是那么轻易就能做到的。更何况，长久以来我们的教育都是远离素直之心的，导致人类的智慧出现了偏差。因此，要回归素直之心的本来面貌，必须经过同样长久的努力才可以。

据说，有志下围棋的人在达到初段之前必须经过上万次的练习。说是只要经过上万次的练习，就能大体达到初段的水平。如果将这个说法借用到素直之心的培养上，那就是，要达到素直之心的初段水平，跟下围棋一样，需要上万次的思考和自我修炼。也就是说，至关重要的就是要有唤回自己素直之心的办法、信念和努力。如此，达到初段水平后，就能随机应变，用顺应自然之心接纳万事万物并通过取舍、选择通往无错之境。

素直之心是洞察事物真相、回归人性本质的最为重要的钥匙。

生成发展

所谓生成发展[①],就是日日新之意,即旧的事物不断消灭,新的事物更替生成之意。

这是自然法则。生走向死,是生成发展的表现。这是万物变化的法理和进化的过程。

彼此日日新是必为之务。只要依靠源源不断的创意和相应的措施,并将其活用到生成发展的道路上,无限的繁荣、和平和幸福就会产生。

[①] "生成发展"是松下幸之助哲学思想的核心概念之一,本译作尊重原语,直接借用原词。——译者注

死亡也是生成发展的一环

我们日复一日似乎都在重复着同样的事情。今天重复昨日的,明日又重复今天的,生活似乎就是如此单调、平凡。

但是,如果每一天都只是单纯的重复,我们的人生将没有任何希望,也没有任何意义。既然我们祈盼繁荣、渴望和平、展望幸福,那我们的生活就不能是单调的重复。今天要比昨日有所进步,明天又要比今日有所收获,也就是每天都必须展现出生成发展的面貌。

那么,究竟什么是生成发展呢,它对人生的意义是什么呢?我想就这些疑问谈谈自己的观点。

一言以蔽之,所谓生成发展,就是日日新之意。每一天都有新的人生,每一瞬都是新的"生"之所在,也就是说每一天都是新生演变,每一瞬都有新的生命的跃动。

换句话说,旧的事物不断消亡,新的事物更替生成。任何事物都在不断地运动、变化,没有一瞬的静止。旧的事物逐渐走向消亡,取而代之,新的事物不断产生。这就是生成发展的具体表现,是万事万物遵循的自然法则。旧事物的消亡和新事物的产生都遵循自然法则,是恒定不变的宇宙真理。

如此思考,我们就会明白,有生命的事物走向死亡实乃生成发展的表现。死亡即消失,但它意味着随之而起的新生。不断地死亡,又不断地新生——这就是宇宙的天理,亦即生成发展的表现。

迄今为止，人类都是本能地恐惧死亡，忌讳死亡，这种恐惧心理甚至到了无以复加的程度。而且世间的各种说教，也在宣扬死亡的恐怖。这大概也是人之常情。但是，如果过度受恐惧死亡、逃避死亡的本能驱动，就会产生各种迷信，招致各种混乱。

所以，要实现繁荣、和平和幸福，就必须对死亡有清晰的认识。虽然对死亡进行赞美是一种奇怪的想法，但人类还是必须树立起立足于真理，遵从自然法则，从容面对死亡的生死观。

生成发展的理论给出了这一命题的答案。从生成发展的理论来看，死既不可惧，又不可悲，也不可恨，它只是生成发展过程中的一环，是万物成长的自然现象。而且，死亡就是遵从自然法则的一种表现，是可以从中感到欢喜和安心的。

生成发展是自然法则

如此，对死亡的认识清晰之后，那么我们在日常生活中，应该保持怎样的一种心态、进行怎样的思考，这些疑问的答案也自然清晰起来。既然生成发展是自然法则，我们的日常生活就必须遵从这个法则，做到日日新。而要营造日日新的生活氛围，每天就必须有新的创意和措施。

虽然有句话叫"十年如一日"，但如果彼此在工作中，十年间没有任何变化，千篇一律，那是违反生成发展的理论的。

这是一则日本幕末时期的故事，维新志士坂本龙马经常与西乡隆盛交谈，坂本龙马的主张在每次会面时都会改变，所以即使说过的内容,西乡隆盛每次得到的感受也各不相同。于是,有一天,西乡隆盛对坂本龙马抱怨说:"前天见面时你说的话跟今天你说的不一样。这样的话,你说的话不可信啊。天下之士要获得信任,必须有不变的信念才行。"这时,坂本龙马回应说:"不,事情绝非如此。孔子曰,'君子从时'。时间是在不停流逝的,社会状况也是每天都在变化。所以,昨日之是今日为非也理所当然。'从时'实乃君子之道啊。"他接着说,"西乡君,你是一旦认定一件事就始终如一,决不改变。但你这样做,将来一定会成为时代的落伍者"。

面对西乡隆盛这样伟大的人物,我当然不能随随便便地评头论足。但如果要问西乡隆盛和坂本龙马两人的说法谁更在理,从生成发展的理论来看,我更赞成坂本龙马的说法。

老店铺换新颜

万物流转,万事日新。但在这瞬息万变的流转变化中,也有永恒不变的东西存在。那就是真理。换句话说,真理是源于宇宙本源的力量。

流转变迁也好,日新月异也罢,这些都是依据现时的情况灵活地遵从不变的真理。如果因为真理永恒不变,就认为遵从真理的方法也可以一成不变,那真理就如同已经死亡一般。

说到经商,自然就会想起老字号的店铺。店铺的字号是越老越好。如果因为字号越老越好,就对它的门面、布局、宣传和质量不做任何改变,那用不了多久,这家店铺就会被时代抛弃，生意不但不会越做越大，反而会日渐衰败。好端端的一家老字号店铺，到头来也只能拱手让人，代代相传苦心经营的辉煌就会毁于一旦。所以，字号虽说是越老越好，但店铺的广告牌和商品品类必须与时俱进，时时更新。

这一点，应用到佛教上也是成立的。佛教的真理是永恒不变的，是很伟大的，但教化的方法、适用的方式必须与时俱进。佛祖释迦牟尼说，"诸行无常"。这句话一般的解释是，世间虚幻无常。这样的说法我觉得具有深意。但问题是，如果这样解释的话，现世会被否定，人们会丧失生存的动力，要实现彼此的繁荣、和平和幸福就会遭遇很大的困难。所以我觉得是不是不应该那样解释。"诸行"就是"万物"，"无常"就是"变化"，"诸行无常"，即指万事万物都会流转变化，生成发展。换句话说，佛祖的教义，实际上就是要大家必须日日新。

看看今天的佛教界，他们确实也做了很多的努力，但他们就如同守着一间"老字号"，以此为豪，很少在适用的方式、教化的方法上创新。如此下去，佛教的衰落就成为必然，佛祖的真意也得不到弘扬。

这也不只是佛教界的问题，整个宗教界也是同样的情况。不仅如此，我们的日常工作、事业、教育方针、政治经济政策等，方方面面都堆积着很多必须改革的问题。

世间万物都遵循自然法则，每天都走在生成发展的路上。我们人类，也必须遵循这个自然法则，每天持续新的营生，紧跟时局，不断有新的创意和措施，每天都要走在生成发展的路上。只有这样，无限的繁荣、和平和幸福才会实现。

大义的意义

人类的繁荣都是在宇宙的秩序下实现的。遵守这个秩序努力生存下去就是大义。

所有秩序都会有一个中心。秩序的中心就是主政者于国家、家长于家庭。而统领所有这些中心的轴心便是宇宙的秩序。

所谓的遵守秩序,指的就是遵从各自秩序的中心。担当这些中心的人物在行动时必须洞察大义,顺应真理。这是繁荣之道。

何谓大义

大义本来是指最重要之义，第一位之义，应该是来自中国的思想。我对中国思想并没有太多的认知，《中庸》解释说"义者，宜也"，这里的"宜"应该就是"相宜，合乎事理"之意。所以，我觉得义就是遵循事理，即"遵从做人的正确之道"。"义"在四书五经中，还分为父之义、母之义、夫妻之义、子之义、君臣之义、诸侯之义、大夫之义等，这之中，君臣之义最为重要，被特别称作大义。因此，说到大义就很容易想到君臣之义，也就有了"明大义，守名分""大义灭亲"等说法。

如此这般，"大义"一词最初源于中国，然后传到了日本，并逐渐成为日本国民道德的支柱。在战争时期，它更是格外地得到强调，在建立日本国民对天皇的忠诚上发挥了极大的作用。至于有关这个战争时期的"大义"的想法是好是坏，我想将我个人的看法留到以后再讨论，这里我首先想指出的是，将大义仅仅单纯地解释为君臣之义是否合适，也就是首先要从根本上重新思考大义的真正含义在哪里。

那么，究竟什么是大义呢？我做了很多思考。用一句话来说，我觉得可以这样解释："大义就是遵守宇宙的秩序。"再换一个说法就是："宇宙的秩序是真理的体现。一生遵从这个真理，努力创造出繁荣的生活就是大义。"

在"繁荣的根基"一节中我曾写道，"真理赐予人类无尽的繁荣、和平和幸福"。就是说，繁荣是早已给予了我们人类的——这是我思想的出发点。但它是如何被给予人类的呢？我经过种种思考，慢慢地找到了答案，那就是人类通过遵循宇宙的秩序（法则）得到繁荣。也就是，宇宙本源的力量通过宇宙的秩序（法则）给予我们人类无限的繁荣。我们人类只要老老实实地顺应这一宇宙的秩序就可以得到繁荣，相反，如果我们悖逆了它，那即便得到了一时的繁荣，以后也会产生各种问题，到最后仍然会山穷水尽、走投无路。这就是自然法则，是天地自然之理。

宇宙本源之力创造了我们人类，老老实实地顺应宇宙秩序就是符合宇宙本源之力的正确之道，也是人类最"适宜之道"，即大义之道，而且，依此大义生活下去，繁荣就会到来。

秩序的节点

但是，只是简单地说顺应宇宙的秩序，会让人觉得茫然、不知所措。所以这里再说得具体一些：但凡秩序，都会有一个统领该秩序的中心，或可以称为秩序的根源，它是这个秩序的节点。譬如，统领国家这一秩序的中心是这个国家的当权者，就日本而言以前是天皇，美国则是总统这一公职；又如家庭这个秩序，统领它的中心就是家长。此外，社会上各种各样的团体，比如公司、学校等，公司的社长、学校的校长等就是这个团体的秩序中心。

目前，世界整体的秩序中心还没有形成，但就如现在一样，世界正在向着成为一个整体的趋势发展，因此，我认为在不久的将来，一定会出现某个统领整个世界的中心。而作为这些各种各样的秩序的根基，并将这些秩序的中心统领起来的根本秩序，是宇宙整体的秩序。顺应这个根本秩序即宇宙秩序的行为就是大义。

根据以上想法，我认为四书五经将君臣之义视为大义本身并没有什么错，但其对大义的基本理念的阐述似乎还有些不足。也就是说，君主作为一个国家的秩序维持者，在形式上将向君主尽忠视为大义并没有什么错，但从大义的基本理念出发，有必要自觉地认识到这种尽忠实际上是在顺应宇宙的秩序。在以前的日本，将效忠天皇视为大义，也是基于将天皇看作这个国家秩序的中心，是立足于宇宙秩序的，所以对现实生活也没有产生什么特别的障碍。

顺应秩序中心的方法

如前所述，传统的关于大义的说法虽然没有什么大错，但还是有两点必须加以注意。

第一，只有顺应宇宙的秩序也就是顺应真理才为大义，而单纯的君臣之义是难以称为大义的。

本来，在产生"大义"这个词的中国，当时是将君臣之义视为大义的，但在今天看来，这种想法未必妥当。也就是说，比起单纯遵从作为人的君主，应该站在更高的视点，顺应宇宙秩序，而君臣之义只是其中的一环。传统的思想忘记了这个宇宙的秩序，仅仅单纯强调对君主的尽忠，于是就难免会丧失判断的基准，为了尽忠而不惜违背宇宙的秩序，最后给君臣都带来不幸也就时有发生。

所谓大义，是指从根本上顺应宇宙的秩序。国家的当权者、天皇、社长、校长、一家之长等，他们都是各自秩序的中心，只要他们是顺应宇宙秩序的，也就必须遵从他们，且应一视同仁，不得厚此薄彼，因为他们都很重要。这一点，是我们首先必须注意的。

第二，我们还要注意的是，这里所说的遵从秩序的中心，是指遵从这个中心本身的立场，或者说是这个中心本身的地位，而不是遵从处于这个中心地位的个人的立场或地位。因为一旦将公共的立场与个人的立场混同起来，人情或者说私情就会介入，最终导致秩序的混乱。

本来，秩序的中心都应该是公共的立场，但只要不违反大义之道，加入适当的人情对秩序的维持又是非常重要的。所以，要遵从大义地生活，并不是让人丢掉人情，相反，为了成全大义，人情是必要之物。但是，要防止人情走过头而使秩序发生混乱，公私立场必须界限分明。以上就是第二点必须注意的地方。

即使用眼睛看不见

以上，大体从秩序遵从者的角度进行了论述，下面我将换一个角度，从位于秩序中心的人的立场，也就是拥有中心地位的人的立场出发，谈谈他们必须具有什么样的精神准备。

不用说，无论是一个国家的当权者还是公司的社长、学校的校长或者家里的家长，这些人都是在其管辖范围内的秩序维护者，也就是将宇宙的秩序化为所辖范围的团队秩序的责任人。如前所述，人类通过遵从宇宙的秩序而得到繁荣。因此，这些处于中心地位的人，他们通过将宇宙的秩序具体化，并据此努力维持所辖团体的秩序，其所作所为就会给团体中的人们带来繁荣。

所以，处于这个地位的人先要做的就是正确认识宇宙的秩序，明白只有遵从宇宙的秩序才叫深明大义，并将其具化到实际生活中，努力让团体里的人在物质和精神方面都丰富起来。如果他仅仅局限于个人小利而迷失了宇宙秩序这一根本，不仅仅是自己误入歧途，还会因此产生种种危害，给周围的人带来麻烦，导致所有人所有事都无法圆满。因此处于中心地位的人必须明白大义的道理，要比任何人都更加强烈地希望为大义而活。

总而言之，大义就是遵从宇宙秩序，也就是顺应真理的生活态度。无论是处于秩序中心的人，还是遵从秩序的人，都应该以宇宙秩序这一根本为尊，并将其活用到实际生活中，以努力创造彼此的繁荣。

宇宙秩序是确实存在的。也许我们用眼睛看不见它。虽然我们用眼睛看不见，但是遵从它的人一定会获得幸福，违背它的人则必定遭遇危害，凡物凡事断难圆满。这是我们必须认清的事实。所谓大义，简言之就是遵从宇宙秩序的生活态度，如果我们把它称作第一义的大义，遵从它，就会产生国家之义、家庭之义等各种各样第二义的大义。尊崇大义生活，彼此就会实现繁荣、和平和幸福。

为了共同走向繁荣之道，当下我们就要充分反省，看看大家是否都在遵从大义地生活着。

和谐的本质

　　世间万物都按照宇宙的秩序保持着和谐,只要人类顺应这个秩序就能营造和谐的生活。

　　和谐绝不是妥协或者合谋,而是要顺应真理,遵从天赋。

　　对于"和谐",我们不能仅停留在了解的层面上,还必须通过训练将其活用到生活之中。如此,才能期待实现繁荣、和平和幸福。

妥协不是真正的和谐

我们的生活往往很容易受囚于自我。相信自己的想法绝对正确,这种信念在有的时候是必要的。但我们也不要忘记怀谦虚之心,时时倾听别人的意见,虚心接受别人的教诲。如果失去了这份谦逊,就会变成世人常说的过分强调"自我"的人,导致纷争不断,被人疏远。一意孤行则狭隘死板,自以为是则冲突四起。在我们的日常生活中,经常发生的大大小小的各种冲突就是源于一意孤行和自以为是。

一意孤行、自以为是,社会生活就无法顺利进行。于是乎,妥协或合谋便应运而生。

当然,在推动社会生活的过程中妥协或合谋有时候也可能是必要的,但这不是真正的和谐。妥协,是就算自己的主张是正确的也不得不迁就对方而屈从的一种态度。这里面势必存在着不公和不满,是一种无可奈何的放弃,而且也隐藏着只要一有机会就恢复自己的主张的企图。所以这不能叫作真正的和谐,也就是说,这不是一条所有人各得其所的生活道路。

我们要摒弃妥协和合谋的模糊态度,营造一种让所有事物发挥作用的真正的和谐社会。我们必须进一步地深入思考:比起妥协,什么才是和谐的本质?

我们一直在说和谐,但和谐指的究竟是什么呢?一言以蔽之,就是万事万物在一定的秩序下各自安身立命,各得其所。比如,天体之所以和谐,是因为太阳、月亮、地球以及其他无数的星球之间存在一个秩序，大家都按照这个秩序有规律地运行。同样地，我们人类，亲子和谐、夫妇和谐指的就是在父母和子女之间，在夫妻之间存在着各自的秩序，大家都在这个秩序下各得其所。所谓和谐社会，指的是每个人都守住本分，遵守社会秩序，相互帮助。

所以，要实现真正的和谐，就必须先建立起正确的秩序。说到秩序，应将万事万物都包含其中。错误的社会秩序，就算所有的人都遵守它，因为并没有包含每个个体，所以不能叫作真正的和谐。而且，这里面还包含了不公、不满。总有一天这种不满会大爆发，最终无法期待实现永恒的和谐。

比如，在中世纪的欧洲，贵族和教会长期欺压民众。这种状态就是一种社会秩序，并且事实上在相当长的一段时间里这个秩序还被认为是维护了和谐的。由于它是违背自然的、不公平的，最终引爆了法国大革命。我们日本也是一样，以前以天皇为中心，隐藏在其光芒下的阴暗处的极端军部独裁政治得以推行。虽然国民心有不满，但还是遵守了这个秩序，然而日本最终走上了战争的不归路，并遭受战败，这个错误的社会秩序也就瓦解得无影无踪。

像上述这样在错误的秩序下，事物只不过是看起来和谐，绝对不是真正的和谐，不知什么时候就会崩溃。如果我们期望真正的和谐、永远的和谐，那必须找到没有错误的、符合真理的秩序。

秩序连接真理

那么,秩序是靠什么形成的呢?我们大概可以说是靠人类的智慧。例如,亲子的秩序该如何,夫妇的秩序该如何,社会的秩序又该如何,都是人类的智慧在其中起作用。

但是,如果我们对此做更深入的思考,就会发现,这个秩序原本单单靠人类的智慧是无法建立起来的。也就是说,一个超越了人类智慧的大自然的秩序早就存在了。比如太阳、月亮和地球之间的秩序就不是靠人类的想法创造出来的。它是超越了人类的智慧,作为宇宙法则早就存在了的。人类的秩序也是同样的。不管人类想如何肆意地利用自己的智慧,宇宙法则都会按照严谨的秩序发挥作用。无论是亲子秩序、夫妇秩序,还是社会秩序,人类的万般秩序全都按照宇宙法则早已确定下来,大家只要老老实实地遵守这个秩序就万事大吉了。只要做到这一点,和谐自然就会到来,繁荣、和平和幸福也自然会到来。

然而,人类总是容易按照意愿利用自己的智慧,不按照宇宙的法则行事。最后,不只是生出歪理,徒劳无功,还会迷失在本应遵守的真正的秩序之中,失去和谐,使自己陷入纷争和贫困之中。这就好比本来早已铺好了铁轨,人们只要坐上火车就万事大吉了,却偏偏走错了通往火车站的路,或者走上了岔道,这就如同没有坐上火车一样。人类的智慧应该是帮助人们怀抱一颗素直之心径直走向火车站,准确无误地登上火车的,是为了人类的繁荣、和平和幸福的,否则,它就会成为一种障碍。

因此为了让人类的智慧准确无误地顺应宇宙法则,实现真正的和谐,就必须了解宇宙法则的本质,同时还要对和谐的本质有一个清晰的认识。

适应宇宙法则的生活态度

宇宙法则是宇宙本源之力作用于万物的法则,也叫作真理,当它实际作用于我们人类和自然的时候有两种表现形式。

第一个是心的法则,或者叫作精神法则,第二个是物的法则,或者叫作物质法则。第一个精神法则非常神秘,通常是难以用科学去解释的。而且它是作用于人的内心,要靠人的内心判断才能明白。人们只有在内心相信它,从内心适应它,才能够真正认识它。

第二个物质法则是作用于物质层面的法则,通常是可以用科学去解释的。比如牛顿万有引力的发现、原子弹的发明等,都是基于这一法则的发现。

如上所述,宇宙法则以精神法则和物质法则两种表现形式发挥作用。我们人类和自然都是在这两种法则之下存在的。因此,所谓顺应宇宙法则的生活态度,指的就是正确地遵守精神法则和物质法则,唯有这样,真正的和谐才会出现。也就是说,和谐并不是基于人类智慧的单纯的妥协,而是严守真理的一种表现。

而且这个法则,无论人类是否意识到,它都会不断地作用在我们身上,并且和谐也不是因为我们人类要实现和谐,而是按照宇宙的法则必须达到和谐。

为了顺应这两个法则生存下去,我们要自觉地认识到人类是在这两个法则下才得以生存的,在认识到这一点的同时,还必须很好地认识到不只是人类,万事万物也都是在这个法则下存在的。并且,我们要用素直之心观察这个事实,并以此反省我们生活的各个方面,同时我们每个人要通过训练,保持顺应这两种法则的生活态度。这样,和谐自然而然就会出现。万事万物和谐,人类社会在政治、经济、教育等各方面也会保持和谐,繁荣、和平和幸福自然就会实现。

总而言之,要和谐就要秉持顺应宇宙法则的生活态度,如果违反这个法则,哪怕在人类的智慧作用下通过一时的妥协、合谋把矛盾摆平,那也不能叫作真正的和谐。

在追求宇宙法则的过程中,和谐自然而然就会产生——这就是和谐的本质。

大自然的恩惠

　　万事万物的存在都源于大自然的巨大恩惠。这就如同孩子是在母亲的慈爱下成长的一般。

　　如同孩子在感恩母爱时会收获幸福和成长一样,在生活中,只有懂得对大自然的恩惠满怀感激之心,才能构筑繁荣、和平和幸福的基础。

　　找寻这个恩惠的本源,探究与之相应的精神世界,是人应有的修为。无论信宗教的人还是不信宗教的人都必须明白这个道理,构建正确的生活方式。

如母亲的慈爱一般

我们每天的生活看上去往往很像是靠各自的力量维系着。这其实是一个很大的错觉。因为这里面有着大自然无限的恩惠。毋宁说，人类正是靠自然的力量才得以生存。譬如生存的力量，就是由阳光、空气、水以及其他各种自然之力赋予的。

就如养育孩子的妈妈的慈爱一般，大自然给予人类巨大的恩惠，日日夜夜养育着我们。只不过对于大地母亲，我们不能实实在在地与她牵手，呼唤她，甚至不能看见她，所以有时候我们就容易忘记她的存在。

毫无疑问，对自己的母亲满怀感恩之心的人，比没有感恩之心的人能够获得更令人满意的成长。与此相同，为了我们能幸福地生活，我们必须在大自然的恩惠中感受到母亲般的慈爱并对此满怀感激之心。

只有能够素直地感受大自然的恩惠，繁荣、和平和幸福才会到来。

现代人的不幸

人类的生活态度可以分为两种：一种是在大自然的活动中感受到它的恩惠并心存感激；另一种是将大自然的活动单纯看作一种自然现象，认为是理所当然的，心中不起任何波澜。但是，只要我们素直地去看宇宙的活动、大自然的活动，就能感受到宇宙的心和大自然的恩惠。

　　自然科学的发展有时候会步入歧途，超越自然的领域，将对自然的温存的敬畏之心彻底抛在脑后，将人类也纯粹视为一种自然现象。当这种生活态度出现时，现代人的不幸也就开始了。

　　母亲养育孩子是一件非常辛苦的事情。平常不可能做的一些事作为母亲也会高高兴兴地去做。对于妈妈的这份慈爱，孩子只有心生愉悦并懂得感恩，才能迎来母子一体的幸福生活。相反，面对母亲全身心的养育，孩子心中没有相应的感动，那这份珍贵的母爱就得不到充分回应，孩子自身也会因丢掉了母亲的慈爱，而必定会自以为是，莽撞行动，从而走上不幸之路。

　　同样地，对于大自然的恩惠和宇宙的慈爱之心，我们也要有相应的生活态度和感恩之心，它是人生幸与不幸的重要的分岔点。

　　感恩宇宙恩惠的人就是懂得永远的生命的人。相信弥漫于宇宙间的力量并满怀感恩之心，就能树立正当的人生观，自然的恩惠也会更加发挥它的作用，就能走上繁荣、和平和幸福之路。

　　不懂得回应宇宙恩惠的人，会认为阳光、水和空气都是偶然的存在，人类来到这个世上也是一种偶然，所以他们没有未来，没有远大的理想，除了追求冲动的、感官的快感之外，找不到人生的意义，其一生也就会充满贪婪、绝望、黑暗和寂寞。

　　我们所要走的路，决不能这样。

回应恩惠的态度

寻找大自然恩惠的根源，厘清与之相应的人类的精神世界并付诸实践是人类必须走的路。说到加入宗教，就很容易想到向神佛祈福，获得神佛的保佑，但加入宗教的正确做法，是对神佛的恩惠采取相应的态度。

从这个观点出发，现在已经加入了宗教的人，有必要反省自己是否从宗教中得到了如何在精神上回应大自然之恩的教化，是否正确无误地尽了做人的本分；而那些没有加入宗教的人，也有必要反省自己面对大自然的恩惠是否采取了相应的态度，是否正确无误地履行了做人的本分。做到了这一点，人的正确的生活方式就可以开启。

人伦和道德固然重要，但确立与宇宙之心相呼应的精神思想才是根本。不是基于宇宙秩序的道德，有如人与人之间的约定，因根据各自的状况和性格的不同，有时并不牢固。更进一步讲，当认为人们能够遵守道德过着愉快的生活是源于一股更大的力量时，就可以带着比道德更强大的信心生活下去。这种根本性的精神思想一经确立，人伦、道德就会自然而然涌现出来。

无论如何，无论是否信仰现有的一种宗教，只要知道大自然的恩惠，并采取与之相应的生活态度，就筑好了繁荣、和平和幸福的根基。

素直之心

所谓素直之心，是宽容无私之心，是广泛接受他人意见之心，是守住本分之心，也是静中有动、动中有静的律动之心，是通往真理之心。

素直之心的培养，会带来精神的活跃，进而能明事知理，抓住真相。如此一来，就能磨炼能屈能伸、完美无缺的人格，达到悟的境界。

要成为一个有素直之心的人，先要存拥有一颗素直之心的欲望。要乐于听取他人的意见，自身也要不断地努力和精进，渐渐地，就能领会拥有素直之心的境界。

在前文"繁荣的根基"一节中说到,"真理赐予人类无尽的繁荣、和平和幸福",并告诉大家"人类之所以会有贫穷、焦虑等烦恼,皆因受困于人智,歪曲了真理",所以,"人人持素直之心,努力顺应真理,共同营造身心俱佳的宜居社会,乃必为之务"。实际上,由于素直之心是给人类带来繁荣、和平和幸福的最基本也最为重要的因素,所以在"繁荣的根基"一节中已稍有涉及,本节将进一步对此做详细的补充。

贯通中心的专致之心

所谓素直之心究竟指的是一颗什么样的心?什么样的精神活动才能称得上是素直之心?我们就先从这里入手。

"すなお"(率直、自然、顺从)一词在日语中用汉字表示,写成"素直",但看到"素直"这个字的感受,却总觉得它并没有表达出"すなお"的真正含义。在我看来,与"すなお"的意思最接近的词语应该是"忠"。

一提到"忠",我们就容易联想到君臣关系,但"忠"所包含的真正的意思绝不是这么简单。也就是说,"忠"的意思,就如它的字形所示,是指贯通中心的专致之心,不偏不倚的中正之心。它是左右平衡,没有二心的真心。并且,由于中心的确立,它能不失去平衡,不招惹危险。一个浅显的例子,旋转的陀螺就是这般。

转动陀螺,在力量不足时,陀螺会摇摇晃晃不能稳定,但全力转动起来的陀螺,会以中轴为中心,收起噪声,不再晃动。

这正是动中有静的表现，是通过一个被贯通的中心保持平稳，靠一颗心掌控全局的表现。因此，用这样的心来观察事物，就能了解事物的真相。

以前，说到素直之心我们都将其作为一种普通的观念，又通常把那些单纯的老实、顺从、事事言听计从的做法叫作素直。顺从，确实是素直的一种表现形式，但这仅仅是素直的一个侧面而绝非素直之心的全部。在某种层面上的确如此，但仅仅忠实地顺从他人所说并不是真正意义上的素直，最多只能叫作消极的素直。真正意义上的素直，应该有更加有力、更加积极的内容。

水一样的心

水一样的心，即强烈追求事物的真相之心。换句话说，就是能够涌现出接受事物的本来面目之力的心，也就是忠实和顺从于正确的、真实的事物之心。所以，它跟前面所说的顺从之心是不同的，并不是不问善恶，万事顺从，而是要排除错误的东西，找出事物的真谛，再加以顺从。

以前我们也经常说素直之心就是水一样的心。关于水，有非常有名的格言，谓之"水五题"或"水五则"[①]，我把它列在这里，能帮助我们更好地理解什么是素直之心。

---

① 出自十六世纪日本武将黑田孝高，他善于水战，曾辅佐丰臣秀吉统一日本。——译者注

(1) 自己活动，并能推动他人者，是为水；

(2) 永不停歇，自寻出路者，是为水；

(3) 以自我的清澄洗涤他者的污浊，具容清纳浊之宽大度量者，是为水；

(4) 遭遇障碍时，能激发百倍力量者，是为水；

(5) 以汪汪之势填满大海，以蒙蒙之态化成蒸汽，可为云，可成雪，可作雾，可凝结成晶莹剔透的冰镜，千变万化却不失本性者，是为水。

可以说，上述"水五题"，完美地诠释了素直之心的内涵。

如业镜一般

一个人有了素直之心且这颗心越来越强烈时会发生什么变化，会起到什么作用，用一句话概括，就是前面已经讲到过的，能清楚地捕捉事物的本质，任何时候，都能因事顺时，明白事物的道理。

具体来说，就是能够判断某事某物正确与否，分析某种做法的利弊，或事物的轻重缓急。换句话说，就是别人所说的，该听的听，不该听的不听，不受困于私心，不固执，不感情用事，能自然地正确判断是非。有素直之心的人会在心中原原本本地呈现事物的真相，如业镜一般呈现出正邪善恶，那么对事物该采取的处置态度自然也就十分清晰，因此可以走上正确无误的道路。

当素直之心养成之时，就不仅仅是清楚地明白事物的道理，而且所行所思也会变得融会贯通而不拘泥、不死板，无论碰到任何困难总能想到解决的办法，最终形成圆满的人格，达到悟的境界。

以上阐释了素直之心的作用。再强调一下，素直之心如照出事物的是非善恶的一面镜子，是我们日常生活中不可缺少的。

先要心中有念想

那么，要怎样才能养成素直之心，怎样才能常怀素直之心呢？这是我们接下来要讨论的问题。这绝不是用嘴巴说说那么简单，不是说谁想要有一颗素直之心就会立马拥有的。

至关重要的是要有拥有素直之心的用心或者说心境，要常怀拥有素直之心这个念想。只要每个人根据自己的情况不断努力，日积月累，心中的素直至少今天比昨天、明天比今天一天一天地增多。

据说，学习围棋的人要想成为初段棋手必须经过大量的实战，就算是想获得初段，也大概需要积累一万次的实战经验。要想拥有素直之心，道理与此相同，要在心中有这个意念，并时时刻刻挂在心上。

还有重要的一点，就是必须时时刻刻评估和反省自己的所作所为是不是素直之心使然。昨天做到了素直吗？今天又如何呢？要对自己的行为回顾审视，反省自己是否出现了偏差，是否囿于成见。

成见，就是是否拘泥于某事某物，这在培养素直之心时非常重要。之前我也说过，当拘泥于一事一物时，就会看不清事物本来的面目，自以为是地得出偏颇的判断。就会生成视野狭窄的歪曲之心，将事物虚假的表象当作事物的真相，离素直之心越来越远。所以，我们必须不断地反省日常行为，还要搞清楚我们是不是拘泥于一事一物，有没有用宽广的视野来判断事物，昨天的所为、今天的所为，是不是没有成见。我们必须不断自省。

唯有如此，人类才能进入到拥有素直之心的初段并越来越往前发展，心之阴霾才会逐步消除，步入融会贯通的境界。

第二章 人 类

人类的目的

人类的目的就是在以人为本的基础上,让万事万物都遵循生成发展的法则,并因此为共同的繁荣、和平和幸福而奋斗。

实现繁荣、和平和幸福既是人类主观的愿望,也是顺应真理达成上天给予的使命。

人人都应该自觉遵守生成发展的法则并通过持续的创意和努力达到目的。这时,无限繁荣的社会就会到来。

愿望与真理的重合

一般来说,对事物的想法、看法包含两种立场:一种是主观的立场,一种是客观的立场。换言之,一种就是以自我为中心的立场,另一种是从外部或者说是从整体的角度看问题的立场。

如果从这两种立场出发得出的看法不一致,那事情就不可能顺利开展,也就不可能获得成功。举一个简单的例子,假设有一辆汽车,有人想往 A 方向开,无论如何都要往 A 方向开,不管是否有路。这就是以这个人为中心的想法,也就是主观立场。

相反,如果以当地的情况为中心来看,A 方向是荒郊野岭,根本没有任何一条像样的路,汽车在这样的地方跑最终一定会陷入绝境。所以就可以得出这样的判断:如果一个人想要汽车不出任何故障,可以舒舒服服地驾驶,就必须选择道路设施良好的 B 方向。这就是所谓的客观看法。

假设在这个例子中,主观的立场和客观的立场不一致时,汽车终究也是不可能往 A 方向前进的。因为行驶在本来就没有路的方向上,也许开得动一时,过不了多久就没办法再前进了。这就叫蛮不讲理。

所以,任何事情在两种立场上都必须一致,也就是"愿望"和"真理"必须重合。

在判断人类的目的、人类生活的目的时,跟这个也是一样的。要从两方面进行判断:一个是从人的立场出发设定的目的,也就是愿望(主观的立场);一个是剥离了愿望,从宇宙真理和自然法则出发（客观的立场）。比如，有人想吃包子，因为它是自己最喜欢吃的东西，所以想吃很多。这就是那个人的主观愿望。但如果所吃的包子超过了限度，就会损害肠胃，危害身体健康。吃包子过量就是背离了自然法则的做法。

所以，人类生活的目的也必须是以人为中心将人类愿望与真理完全重合起来。

真理呼唤人类的繁荣

先思考一下主观的立场，也就是从人的角度看到的人类共同的愿望。

毫无疑问，古今中外，人类共同的愿望就是实现繁荣、和平和幸福。自古以来，和平论、幸福论被无数次讨论，人们都在不断地追求实现精神与物质的富足。虽然这是人类的愿望，但从个体来看，或者说具体来看，又都是复杂多样、千差万别的。这些个体的愿望出现的动机，最初就是为了追求繁荣、和平和幸福。

如果人类的主观目的是实现繁荣、和平和幸福，那这个愿望、目的，与客观的自然法则、真理到底是不是一致，这就是接下来要讨论的问题。

前面我们在"生成发展"这个章节中曾经写道："任何事物都在不断地运动、变化，没有一瞬的静止。旧的事物逐渐走向消亡，取而代之，新的事物不断产生。这就是生成发展的具体表现，是万事万物应遵循的自然法则。旧事物的消亡和新事物的产生都遵循自然法则，是恒定不变的宇宙真理。"

恒定不变的宇宙真理正是生成发展的理论。它也是一个巨大的法则，贯穿宇宙、万物，千古不变。在前面还说过，"如此思考，我们就会明白，生的事物走向死亡实乃生成发展的表现。死亡亦即消失，但它意味着随之而起的新生。不断地死亡，又不断地新生——这就是宇宙的天理，亦即生成发展的表现"。但它并不只限于生死。整个宇宙、大自然，全都在遵循生成发展的理论。据说有人觉得地球正在从灼热的球体慢慢冷却，在几万或几亿年之后，地球上的一切生物都会死亡，因此从现在就开始担心起来。地球的这种变化实际上就是生成发展，完全没有什么好担心的。宇宙、大自然的一切都是按照生成发展的原理运转的，这个原理就是支配宇宙万物的法则。

仔细想想，其实人类就是在这个生成发展的法则下成长、生活的。回顾一下人类的历史足迹，就会发现虽然在历史的某个片段可能会有兴亡盛衰的区别，但用长远的眼光从整体来看，就会发现每天都有进步，每天都有发展。昨天走向今天，今天迈向明天，一步一步往前发展。

这个事实清楚地告诉我们，人类就是在生成发展的大法则中成长的。原本就没有赋予自己的东西，不管怎么求都难以得到，只有属于自己的东西，才能够求而可得。人类只有在生成发展的大法则中成长，才能够发展下去。

自然法则或者称之为真理，为了人类的生成发展准备好了一切。如果真理也有意志的话，真理就会期望人类的生成发展，就会呼唤人类的繁荣。

这就是从客观的角度得出的人类目的。如果说人类目的不好理解的话，也可以说这是人类被赋予的使命、命运或宿命。人类按照生成发展的原理追求繁荣、和平和幸福，既是人类被赋予的客观目的，也是一种使命、一种命运。

如果什么也不做

根据前面的论述，可以得出如下结论：人类的主观愿望、主观目的是要获得繁荣、和平和幸福，人类的客观目的、客观使命是要生成发展，也就是要繁荣、和平和幸福，所以主观立场和客观立场是完全一致的，人类的愿望和真理是完全一致的。两者完全一致，就表明其目的是正确的，也是能够实现的。所以我们人类可以大胆地期待繁荣、和平和幸福，可以光明正大地拥有这份愿望，并且我们要怀有愿望定能实现、目标必定达成的坚强信念。

总之，人类的目的就是要将以人为中心的生成发展的法则应用到自己身上，应用到万物身上，以此追求人类的繁荣、和平和幸福。

但是，虽然这个目的是正确的，但如果一动不动什么也不做，繁荣、和平和幸福依然不会到来。所以我们必须不断地追求真理，反省生存发展的原理，在生活中专注于发挥创意，悉心钻研。而这正是学问的使命所在，尊严所在。只有学问在这里得到推进，人类的本性才能得以发挥，才能构建物质与精神都富足的、繁荣的社会。

人类的天命

遵从自然法则，人类被赋予支配万物的天命。如果人类能够正确地利用智慧善用天命，万物就会服从人类的支配。

为了正确地发挥人类的智慧，必须聚集大众的智慧。众智是人类社会所能达到的最高智慧，依此而定之事是时代的最高境界。

人类必须不断努力，知天命，集众智。只有更高的众智来运作政治、振兴经济时，繁荣的社会才可能实现。

人是什么

有一句话,叫"认识你自己"。人类要认识自己的本质,自古以来都是非常困难的。

当然,迄今为止,已有很多人从诸多角度阐述过人类的本性,表达了各种各样的见解,每一种见解都有值得尊敬之处。但他们是否从根本上全面地触及了人类的本性,是否准确地描绘了人类的本来面目?我看未必。

所以,我想尝试以我的角度阐明人类的本性,也就是从实现繁荣的观点出发,力求准确地描绘出人类的本来面目。在这里,我想把它叫作"新人类观倡议",并对主要观点加以归纳。

人到底是什么?人类到底被赋予了什么样的本质?人类在宇宙中处于什么样的地位?人类究竟该做些什么?这些是我要讲的主要问题,有关它们的说明我稍后进行,在这里,先谈一谈"新人类观倡议"。

新人类观倡议

存在于宇宙中的万事万物,总在不断生成发展。万事万物总在日日新,生成发展是自然的规律。

人类天然地被赋予了按照宇宙法则支配万物的能力。人类君临不断生成发展的宇宙,开发潜藏在宇宙中的伟大力量,找出隐藏在万事万物中的本质,加以灵活运用,就能创造出物质和精神一体的真正的繁荣社会。

这里表现出来的人类特性，也就是自然法则赋予人类的天命。

人类正是被赋予了这样的天命，才成了万物的王者和万物的支配者。人类遵循天命来判断善恶，决定是非，明断一切事物的存在理由，任何他物都不可以对人类的这种判断做出否定。人类就是这么崇高而伟大。

人类虽然被赋予了如此至高无上的特性，但从个体的现实表现来看，却未必总是公正而强大。人类总在追求繁荣，但往往陷入贫困；不断祈望和平，却往往陷入战争；努力追求幸福，又常常陷入不幸。

人类的这种糟糕的现实表现就是由于未领会被赋予自身的天命，在行动时受制于人类的智慧和对利害得失的考量而造成的。

个体的智慧，个体的力量，不能充分展现人类的伟大。当不同时代各个地方的圣贤先哲以及其他人的智慧自由地没有任何阻碍地融合在一起时，聚集起来的智慧就变成了众智，就能正确地善用天命。唯有众智才是让自然法则在共同生活上得到广泛体现并发挥人类天命的最大力量。

人类崇高而伟大。我们必须互相认识到人类的伟大，自知天命，持续地提升众智，从而成就生成发展的大业。

人类长久的使命在于自觉践行天命。为了明确人类使命的意义，以期达成使命，特在此提倡新人类观。

以上就是"新人类观倡议"的全部内容。这个倡议文的内容概括起来有两点：一是人类的本性是极其伟大的；二是要发挥出人类伟大的一面必须依靠真正意义上的众智。有关众智，我稍后再讲，先讲一讲人类伟大的天命。

宇宙的支配者

我一直主张说，要创造我们人类共同的繁荣，人类必须充分认识自身的本质。从这个观点出发，我已经发表了很多看法，用一句话来说，人类被赋予了宇宙支配者、世间支配者的本质，被赋予了支配万物的权力。

这种权力是如何被赋予人类的呢？这其实是由创造了宇宙并让其维持运行的宇宙本源之力根据自然法则赋予人类的，因此，这是绝对的命令，绝对的使命，所以也称之为天命。

不过，我们在这里所说的"支配"宇宙，就如同我们很好的驾驭了一匹马，也可以说支配了这匹马一样，指的是为了人类的繁荣善用存在于宇宙的万物，而不能简单地按照"支配"的字面意义去理解。

这样说，也可能有人会产生疑问：为什么可以这样说，理由为什么可以成立？道理我们先不说，其实，只要我们静下心来看一看人类的历史，就知道这是不可动摇的事实，这不是单纯的道理，而是实实在在的情况。

我们人类从远古时代就日复一日踏着前进的脚步走了过来。当然，这期间也犯过很多错误，有过很多徒劳，但整体上看，人类是在日日新的，是在不断进步的。人类不断地探索自然并加以善用，最后才逐渐走在通往繁荣的道路上。

也许，就算在人类完全没有认识到自己是宇宙的支配者，是万物的王者的时代，人们也在无意中激发了潜藏于人类自身的生命力，明晰了作为宇宙支配者、世界支配者不断前行的路径。

人类是伟大的

如果人类没有被赋予这样的本质，那无论如何努力，也是不可能走上这样的发展道路的。如同一块石头，如果没有被赋予钻石的本质，那不管怎么打磨，它都不会散发光芒。但只要是钻石，经过打磨就一定会慢慢地放出美丽的光彩，成为万石之中的王者。人类也是一样，因为被赋予了宇宙支配者的本质，其本质就会得到体现，其地位也要得到确保。

如此这般，这是不可动摇的事实，是人类力量无法左右的自然法则。事实胜于雄辩，它告诉了我们何为人类天命。

当然，人类发展到今天的过程并不总是完整和理想的，其中有过很多失误，很多徒劳，这都是人类没有充分认识自身的本质造成的，是人类发展中的一个环节。但在人类的本性已经逐渐清晰的今天，如果还不断重复以往的错误，不断重复徒劳的事情，那就是违反自然法则的重大错误了。

毫无疑问，我们都期待着人类的繁荣。既然如此，我们必须早一天认清人的本质，按照各自被赋予的天命走出一条正确的通往繁荣的道路。

人类就这样被赋予了天命。人类能够在宇宙之中以一种可以支配宇宙万物的方式巧妙地生活，以实现繁荣。宇宙万物能为人类追求繁荣所用，在某种视角下，这是对人类非常有益的一件事，但可能也会有人认为这种说法有些功利和武断。实际上，这是超越了人类力量的自然法则，以人为中心规定万事万物，是天地自然之理，而绝不是人类的自以为是和任性武断。

接受这项使命的人类是伟大的，比如拥有类似宇宙本源之力代行者的地位，能够发现宇宙万物的使命，判断善恶，明辨是非。而且，这些判断还不容任何其他事物来推翻。所以说，人类真的是一种很伟大的存在。

众智是人类的最高智慧

虽说人类被赋予了伟大的力量，但单单一个人是完全没办法发挥这份伟大的力量的。换句话说，一个人的智慧是有限的，不光没办法发现人类的伟大，甚至会犯错。比如，有一个人因为人类有宇宙支配者地位而自负，做事任性妄为，变得傲慢自大，自以为是，最终就会犯下大错。

我们说人类是伟大的，但并不是说一个人的智慧就已经足够。我们必须聚集众智。在聚集所有人的智慧并根据综合的结果做出判断进而行动时，才能够发挥人类的伟大力量。这个众智是人类的最高智慧，是睿智，是代行宇宙本源之力意志的智慧。

比如，这里有一个由甲乙两人组成的社会，在这个社会里，依据相互商议的原则，依靠共同的智慧做出的决定就都是正确的，是任何其他东西都不能推翻的。只要甲乙两人谁都不是独裁者，只要他们平等地交换意见，根据相互认可的想法推动社会的运转，那这个社会的运转就会十分顺畅，就会走向繁荣。当这个社会人数增加时，道理是一样的。五个人的社会，就聚集五个人的智慧，一千人的社会，就聚集一千人的智慧。

聚智不分贤愚

需要提醒的是，多数人的智慧不等于真正的众智。人们通常所说的众智其实基本上指的都是多数智，也就是大部分人的意见。将根据多数人的意见做出的决定理解为众智的情形非常多。比如，在十个人中间有八个人的意见一致，但这时即使还有两个人持不同意见，通常都会把这八个人的意见当作全部的意见，当作众智了。

其实，这样的多数智并不是真正的众智。如果有十个人的话，就必须是十个人的智慧全部自由地平等地没有遗漏地被吸收被综合，人数变成一千或者一万时也是一样，不能漏掉任何一个人。而且，不管是大智慧家的智慧还是愚者的智慧，都必须在同等条件下被吸收综合，大的就吸收大的，小的就吸收小的，他们都各有所长。只要有任何一个人被忽视，哪怕是一亿人之中有一个人被忽视，那都不能叫作真正的众智。

为什么呢？因为无论智者还是愚者，他们都按照自然法则被赋予了伟大的智慧。哪怕是愚者的想法，只要用素直之心去倾听，我们也会发现一些潜藏于其中的值得尊重的东西。

今天的民主主义就是试图排除独裁，聚集众智的社会结构的一种表现。但在现在的民主主义结构中，与其说是依靠众智，还不如说是以多数智为中心在维持运行，所以还远远不够。

当然，也有很多人在质疑究竟能不能聚集这样的众智，但我认为人类如果期待共同的繁荣，就必须这么做，不管遇到什么问题，我们都必须努力地聚集众智，不丢下任何一个人。

作为聚集众智的第一步，人类创造了民主主义结构，虽然还很不完善，但在今后还将有无限的发展，一定会创造出可以聚集真正众智的社会结构。

众智的持续升华

聚集众智需要各种各样的要件。第一个要件，就是在聚集众智时，必须排除所有的权力。无论是依附于武力的权力，还是依附于财力的权力，甚至是依附于智慧本身的权力，只要有碍众智的聚集的，就必须彻底地予以排除。哪怕是大智慧家的智慧，它也只是众智的一个组成部分，与愚者的智慧并没有什么不同，必须同等地接纳、吸收。

但是，世人往往只尊崇大智慧家的意见，甚至将其过度地放大，而愚者的智慧在它面前往往失去光芒。实际上，即使是愚者的智慧，也自有它存在的理由，在众智中必须有其应有的位置。比如，发生战争的时候，身强力壮者会冲到阵前战斗在前线，体力弱小者则在后方烧饭做菜，而且，体力弱小者烧饭做菜可能反而做得更好。

如此这般，每个人都有自己的价值，任何人都不会被落下。这样汇聚在一起的力量就是无穷的。所谓聚集众智就是这个意思。

接下来我们要思考的，就是众智需要不断地得到升华。时代不同，国家不同，众智的程度也会不同。比如，假设千年前的某个国家的众智是当时最高的，在今天看来却可能已经变成低得不能再低的智慧了。所以，众智是在不断向前发展的，我们也必须不断地推动它向前发展。众智的程度越高，人类的天命就越显现，也就越能迈向繁荣。

以上，我简单地对"新人类观倡议"和人类的天命做了说明，我衷心希望我们要知道人类自身的伟大，要知道人类的天命所在，尽早地建成基于众智的繁荣社会。

人性

　　人的本性是天赐的,是不变的。我们必须以素直之心探究人性的本质。

　　人有智、情、意,三者的协调和成长就是人性的成长。人人都必须立足于人的本性,努力追求人性的进步。

　　民族性和国民性是人性的表现,不考虑民族性和国民性的政治、经济和教育,绝不会给人们带来幸福。

无论何时何地，人终归是人

毫无疑问，饿了就要吃饭，渴了就要喝水，累了就要休息，这是维持人类生存的一面，但人类还有非常清晰的另一面，比如渴不饮盗泉水[①]。

由此可见，人类既有动物般的欲望，又有判断正邪善恶的理智。这就是人类的本质，上天赐予的，永远不会改变的。这是人类的行为无法干预的。人类拥有动物一样的欲望，同时又可以仰望超越了人类的无限世界，一边脚踏大地，一边抬头望天，这就是人类。

基于这一本质所展现出来的人类活动，就是人性，有时是动物性的一面更强一些，有时则是在理智控制下坚守德行的一面更强一些。沉溺酒色者有之，静赏名画者有之，私欲纵横者有之，为路旁孤儿流泪者有之。因时因地，人性都在变化。但人类的本质不会变。人绝不会永远像动物一样依赖本能生活，也不会像神仙一样永远都有完全的理智，无论何时何地，人永远是人，既成不了神，也不会变成猫狗。

再看看今天的世界，也许是变革太激烈，有人竟想改变上天赋予人类的本质，或者认为人类的本质是可以改变的。更让人难以接受的是，他们还往往是社会上位高权重的人，或是一

[①] 出自中国典故。原文来自西晋诗人陆机《猛虎行》中的诗句"渴不饮盗泉水，热不息恶木阴"，意为再渴也不喝盗泉之水，再热也不在毒树下乘凉。盗泉为古泉名，相传人喝了盗泉水就会起盗心。——译者注

些看似很懂道理的人。无视人类本来的欲望，强制推行走过头儿的计划经济，就是其中的一种表现。抹灭人类的欲望是徒劳的，是浪费精力。如果这种徒劳之事是由位居高位的人在政治、经济、教育上施行的话，它的影响就更大得惊人了。

所以，我们一方面要老老实实地承认人类的本质是绝对不容改变的，另一方面又要探究能够变化的人性并尽可能地让它提高。我们既要承认人的动物性，又要教化它，让人的理性得到伸张。

古代圣贤说，"衣食足而知荣辱"，这句话反过来说就是"衣食缺则忘荣辱"。它道破人的本质。

事实上，即使在学问有了很大进步，文化水平也得到提高的今天，依然存在因衣食不足而礼仪难全的状况。可以说，在漫长的岁月中，人类的本质并没有改变。

从事政治的人，必须认真领会这一点。要努力提高国民的生活，满足国民的衣食需求，还要通过教育努力提高人性，让人们在衣食不足时也能知荣辱。

我们既不能过分强调人的理性而忘了动物性，也不能让人平白地流于动物性的一面而懈怠了理性的磨炼。

智、情、意的协调与提高

人有智、情、意三种能力，它是基于上天赋予的本质而产生的人性。但既为能力，就会因时因地而异，也会因人不同，并且不会像人的本质那样永远不变，会因每个人的境遇、努力的程度不同而不同。有的人智力高，有的人智力低；有的人重感情，有的人薄情；有的人意志坚强，有的人意志薄弱。

智、情、意三种能力是提高人的作用的重要因素。智、情、意三者协调、提高，就会让人性得到提升。

对日常生活进行反省，我们就会发现智、情、意的不协调会产生棘手的问题和无谓的争斗，甚至带来损失，所以，无论是在个人之间，还是在公司、团体之中，都必须高度关注三者的协调和提高。

在朋友中，我们常听到这样的对话，"你好无情啊""你智商高，但意志薄弱"。这些对话也告诉我们必须高度关注智、情、意的协调。然而，还是有不少人并不关注。如果我们平常就做好让智、情、意三者协调的准备，在被朋友说到时，就会敏感地捕捉其意，进而矫正自己。

前面已经说过，人类的本质是天赐的，永恒不变的，但人性会因时因地因人而变。所以，我们必须思考人性的表现形式——民族性、国民性。无视民族性和国民性的政治、经济和教育只会给国民带来不幸。

那么，我国当下的政治在何种程度上思考了人性呢？国民性又在政治上有哪些体现呢？我的答案比较悲观。

人是靠感情而生活的，日本人尤其重感情，同时在感情上又脆弱。所以，为政者与其动不动就讲晦涩难懂的大道理或者唾沫横飞吵吵闹闹，不如善解民情、尊重民意。但是，现状又如何呢？不但讲的道理让人难以信服，而且还玩弄逻辑忽视民众，这怎么可能带领国民走向幸福呢？

总之，我们要了解彼此的心情。只有这样，大家才会把智、情、意的协调和提高放到心上，进而提升人格。当它自然而然地融入日常生活的点点滴滴之中时，繁荣、和平和幸福之路就会开启。

理性与本能

　　人类的本能是自然形成的，绝对不可能人为地改变。无视这一点的政治、经济、宗教，不但会徒劳无用，还会让人受苦。

　　本能可分为正常本能和异常本能。正常本能可依靠理性让它伸张，异常本能则需要通过理性努力将其矫正。

　　磨炼理性，深化教养，本能就会成为推动人类文化生活发展的力量，若善加利用，繁荣的生活就会到来。

人要走人之路

人究竟是什么？这是根本性的课题。刚才讲到了人性，我想，要实现彼此的繁荣、和平和幸福，无论如何都要探究人类的本质。

为什么这么说呢？这是因为我们追求的都是人类的繁荣、和平和幸福，而不是狗的繁荣、羊的繁荣。如果我们期望羊的繁荣，我们就应该知晓羊的本质，考虑与之相适应的饲养方法。如果把羊当狗养，就会犯下荒唐的错误，最终把羊养死。与此相同，要追求人类的繁荣，就必须知晓人类的本质，并采取与之相适应的生活态度。

人类永远是人类。常说人是动物，也确实如此。人类虽有动物的一面，但人类还有跟动物不同的地方，这就是人类被称作万物灵长的原因。还有人说，人走神之路能体现出人的价值，我认为人还是人，不能变成神仙，所以人还是要走人之路，才是符合天理的最正确的态度。但事实是，很多人竟然忘记了这一点。

探求人类之路是一个根本性的课题。我们不仅要了解被赋予的人类本质，还必须思考如何基于人类的本质而努力发展。也就是说，人要有作为人的努力。

肉体与精神

我想把人的本性分为埋性和本能两方面来讨论。

人是由什么组成的？大体上，我们可以把它分为肉体和精神两部分。当然，二者是不即不离的关系，严格来说，很难将二者截然分开，但是为了讨论的方便，我们还是把它分成两部分进行论述。

先是肉体方面。肉体属于物质，基本上受物质法则左右，因此有关这一方面的研究，有赖于医学等自然科学的发展。如果没有健康，就不可能有繁荣、和平和幸福，所以要实现这个目标，医学就起着非常大的作用。此外，还要进行精神层面的研究，也就是要知晓人类的精神活动，否则同样不可能真正把握人类的本质。在精神活动中，宗教等在精神生活中扮演了重要角色。

只有从科学和宗教两方面加以考虑并进行综合，才能厘清人类的本质，人类的必经之路也才能显现出来。

人的精神机能包括什么呢？我认为人类可分为理性和本能两大机能。什么是理性？关于这个问题，有各种各样复杂的定义，自古以来人类都是具有理性的动物，我认为人的精神机能包含理性和本能两个部分应该是不会错的。只是，如何协调它们，如何让白和黑两种颜色混合在一起，才是重要的问题。

本能是大自然（宇宙本源之力）赋予人类的基本力量，是人类与生俱来的机能，要消灭它，不仅是不可能的事，而且是违反自然法则的行为，如果这一机能真的不存在了，那人类就只有死路一条。比如，食欲是自我生存的一种本能，人如果没有了食欲，那就只有等死了。人就是因为有了食欲，生命才在无意识之中得以延续。再如，性欲是种族延续的一种本能，人如果没有了性欲，那人类也会消亡。食欲、性欲以及其他各种本能，实际上是人类生活极大的原动力，也是人类文化的原动力，本能越强大的人生活力越旺盛，本能越活跃时事物发展的推进力越强大。

如上，本能是人类与生俱来的机能，是绝对不能丢失的。所以，如果政治、经济、教育忘记了善用这个天赋人类的机能，采取一味抑制的政策，不但是徒劳无益的，而且会让人类受尽苦难。当然，人类本能分正常本能和异常本能，我们要发扬的是正常本能，要善导的是异常本能。比如，物欲是人的本能，但贪得无厌、物欲横飞则会使人类有所损害，必须善导善诱。

本能是引擎，理性是舵

有关理性的定义有很多种，但我想基本上可以用"能找出事物的因果关系，判断事物的是非善恶的能力"来概括。如果说本能是引擎的话，理性就是舵。本能的引擎高歌猛进，理性的舵操纵控制，这正是人类本来的面目。

同样地，理性也是大自然赋予人类的基本的精神机能。如果没有它，人类就会迷失方向，自我破灭，也不可能创造出伟大的文化。而且，理性越打磨越有力量，越能把握事物的真相，越能正确分辨事物的正邪善恶。

理性和本能各有本分，只有当它们各司其职时才能找到人类之路。本能和理性不分主次，不分上下，如同夫妻的关系，理想的夫妻状态应该是夫依赖妻，妻仰仗夫。在理性的背后总能找到本能的影子，在本能之中也总能找到理性的存在。因此，任何一方都不应被抑制。它们必须各司其职，保持秩序，相互协调。

  人类既受动物本能的驱使，又不断用超越动物本能的标准来要求自己。人类一边用脚踩在地上走路，一边又抬头仰望天空。理性和本能相互吸引，保持均衡，从而提高人类的活动能力，就是人类之路。正确地走上这一条道路，人类就会产生很强的荣誉感，那么繁荣、和平和幸福自然就会如约而至。

善与恶

　　囿于一种主义或立场来评判善与恶，不光会让人类的努力变成徒劳，还会带来苦难。

　　善与恶的评判必须站在宽广的视角下开展，应该做出综合评判。凡是能推动人类获得繁荣、和平和幸福的就是善的，凡是妨碍人类获得繁荣、和平和幸福的就是恶的。

　　认清善与恶的本质，采取与之相符的生活态度，那么，繁荣、和平和幸福才会产生。

善与恶的判断标准

为了实现繁荣、和平和幸福，必须完全了解善与恶的概念，如果在何为善何为恶的问题上产生了偏差，本以为是善事反而可能带来不幸、苦恼。仅从这一点来看，明确把握善与恶的概念，在善与恶的判断上不出现差错，是实现繁荣、和平和幸福的一个基本前提。

在判断善与恶时，我们先要思考的是，不能只被一个主义或一种立场困住。

站在一个立场上看问题，就是只站在自我的立场上看问题，是用自我本位的态度判断善与恶。这样一来，很容易得出"凡是对自己好的就是善的，凡是对自己不好的就是恶的"等类似的结论。如果这样的善恶观在社会上普及开来的话，人们的行为就会徒生事端，带来灾难，自己以为是善的行为反而会扰乱和平，招致不幸。所以，我们不能站在自己的立场上，而必须用真理视角下的善恶观来判断善与恶。

另外，有人认为善恶观会因时代不同而发生变化。比如在过去的某个时代，人们会把复仇、殉死等行为当作善德大肆宣扬。这种善恶观会变化的观点是肤浅的，至少是没有认清真正意义上的善与恶。那只是当权者，或者时代环境造就出来的道德观，不是真正的善恶观。

真正的善恶观是超越时代的，就像太阳的运行千古不变一样，善与恶的概念也必须是永恒不变的。

评判善与恶必须始终站在一个更高的标准上综合考虑，这样才会掌握人类永恒不变的善与恶的评判标准。

从这个观点出发，可以把"凡是能推动人类获得繁荣、和平和幸福的就是善，凡是会妨碍人类获得繁荣、和平和幸福的就全是恶"这一原则视为判断善与恶的根本方针。

诚然，也会有人对此提出各种各样不同的观点，认为繁荣未必是善，和平未必是善，幸福也未必是善。但是我认为，那些人说的繁荣、和平和幸福，并不是真正的繁荣、和平和幸福。真正的繁荣、和平和幸福，是谁都期盼的，是人类的愿望。于是，就不会有人认为损害繁荣、和平和幸福的事物是善的了。

理性与本能的协调

我们将能推动人类获得繁荣、和平和幸福的事物定义为善的，那么，面临的问题就是，是不是所有的善都可以带来繁荣、和平和幸福。

本来，我们希冀的繁荣、和平和幸福，既不是神的也不是动物的，而是我们人类的。并且，我认为我们作为人，活在其本质之中，换句话说人依其本质，走人理所应当走的路，便是善，而所有与之相反的则为恶。

人是一种介于神和动物之间的存在。依理性则靠近神灵，纵本能则通向动物。一边脚踩大地行走，一边又总是抬头望天。人就是这样一种存在，在神和动物中间，有一条人间正道。而且，这条人类之路从本质上是上天早就赋予的，人在这条路上前进，并在这条路上不断完善自我，这就是善，相反的行为则是恶。

那么，怎样才能让人走在正确的人类之路上而不误入迷途呢？我想，答案就是理性与本能的协调和提升。

关于理性与本能的协调，前面已经有了非常详细的阐述，理性和本能并行作用，协调提升，人类的正道就会开启，这也是善的表现，而破坏这种协调的行为则是恶的表现。

世上有人认为，抑制本能，提升理性，接近神道，是一种善的行为。当然，这种做法有其正确的一面，抑制本能也是好的事情，但实际上这是非常困难的。因为它不但不自然，有时甚至还非常勉强。所以，从人之正道的角度来看，抑制或提升理性和本能的任何一方，致使二者失去协调，都未必能说是善。

比如，有人认为切断人类的一切物质欲望，甘于贫困，专心追求精神世界的丰富，是一种善的行为。实际上这种行为打破了本能和理性的协调，偏向了一方，很难说这是一种善。只要是人，在追求丰富的精神生活的同时追求物质生活的丰富，是理所当然的，是人活在其本质之中的表现。

人的完善

也许有人会产生疑问：这不是否定了理性的提升吗？但并非如此。

人要变成神是不可能的，是无法实现的。所以我想说人要变成神的努力是徒劳无益的。人要完善自己，要正确地走上人类之路。

人类容易受本能的驱使。为了抵制这种诱惑，就会在心中向神祈祷，寻求强烈的理性引导。如果不这样，就会破坏平衡，偏离人间正道。

总之，为了实现繁荣、和平和幸福，我们必须走正确的人类之路。为此，理性和本能必须协调并得到提升。推动实现繁荣、和平和幸福的是善，损害繁荣、和平和幸福的是恶，这一标准就是在判断我们是否正确地走上了人间正道。在判断善与恶时，我们必须始终把这个看法作为根本。

进一步深层次思考善与恶时，就会发现，善与恶看上去虽是一对矛盾，但在本质上其实是相通的，或者说是一个整体上互为关联的一环。

也许有人会说，如果善与恶根本就是相通的，那善与恶的概念就不再成立。在根本上，善与恶确实是相通的。打个比方，现在假设善是米，恶是粪便，任何家庭都会把米摆到餐桌上，而粪便只能丢到厕所并最终被运到田地里。但是，丢弃的粪便会变成肥料，帮助大米的长成，所以说这两者是相通的。善与恶也是这样，在现实生活中分得很清楚，在行动上也是区别应对的，但如果我们深究其本质，就会发现善与恶不是相互对立的，而是一个整体上互为关联的一环。

如此看来，虽说是恶，但应该有应对它的措施、利用它的办法。我们没必要憎恶它，重要的是要知道应对它的措施。

这就是真理。当我们站在真理上，就会有宽容之心，既不怨，也不恨。当然，这里的宽容之心是我们立足于真理时产生的，而不是单纯地发源于感情末梢。

　　如果我们能够正确地领会善与恶的根本，并采取应对措施，我们就会准确无误地走上人类之路，就能够期待繁荣、和平和幸福的到来。

欲望的善恶

欲望是生命力的表现，其本身既非善也非恶，欲望强就表明生命力强。

欲望的善恶，指的是在满足欲望时所采取的行动是推动了实现繁荣、和平和幸福，还是损害了它。

在人的欲望表露出来时给予正确的引导，是学问、教育、宗教的意义所在。我们必须通过这种引导，让生命跃动，让生活丰富多彩。

欲望是生命力的表现

人类的欲望是数不清的。虽然佛教对其有种种不同分类和归纳，但人类的欲望无论在质上还是量上，其广度和深度都是其他生物所无法比拟的。所谓"人类乃欲望之体"，说的就是这个意思。

人类就是这样与欲望不可分割，但说到"欲望"，哪怕是在今天的社会观念之中，它也没有给我们留下好的印象。人们往往把欲与恶联系在一起，说到"欲望强烈"时这种印象就更加深刻，"欲望强的人"甚至成了不好的人的代名词。本来，我们所持的这种社会观念也不是没有道理，很多不好的事情、耽误自己的行为、加害他人的行径，都是被欲望蒙蔽了双眼，受欲望左右造成的。在这个意义上，欲望被认为是万恶之源，因此斩断欲望，摆脱欲望，便成了人类的美德。

我并不觉得这个观念本身有什么特别不好的地方。只是，如果我们局限在这种想法中，不去探究欲望的本来面目，对人类来说这是非常不幸的。为什么这么说呢？因为我觉得欲望的本来面目，绝不是污秽的，也不是恶的根源，它是人类生命力的表现，是人要生存下去的力量的显化，就像是驱动大船前行的蒸汽动力一样。所以，如果认为欲望是恶的，必须去消灭它，就如同让大船停止下来一般，人的生命也不得不停止。

当然，自古以来的圣贤先哲有关禁欲的教诲，目的是让人活得更好，而绝不是否定生命。但现实情况是，为了从表面上接受这些教诲，而歪曲了人类本来面目的情形非常多。并且，将欲望定义为污秽的，将它作为恶的根源加以压制，结果，本该幸福快乐的人生变得痛苦不堪。

我觉得这是非常严重的认识不足。人类欲望本来是生命力的表现，因此其本来面目既不是善也不是恶。我认为它应该是一种力量，算不上是善还是恶。这是我们先要明确的对于欲望本身的认识。

会对人类共同的愿望有用吗？

欲望是生命力的表现，而生命力是宇宙本源之力，是为了让人类生存下去而赋予人类的，那么其表现出来的欲望也是天赋的。我们应该特别感谢上天赐予的东西，也就是说，欲望是应该被感谢的，而不应该是被憎恨的。

但要注意的是，欲望本身既不是善也不是恶，算不上是善还是恶。换句话说，它既可能变成善，也可能变成恶，欲望是根据人们对它的运用，才转化成善与恶的。这正如我们手上握着一艘船的舵，蒸汽动力是已经存在的，但这艘船是往好的方向还是坏的方向前进，完全取决于对舵的掌控上。也就是说，上天给了人类将船往左或往右转动的自由，同时也就要求人类承担是顺利前行还是触礁搁浅的责任。自由和责任，是赋予人类的特性，联系到欲望的善恶上，就再清楚不过了。

那么，欲望的善恶是从哪里产生的呢？这在于为满足欲望而采取的行动是推动还是阻碍了繁荣、和平和幸福的实现。人类有各种欲望，为了满足欲望也会做各种努力，但既然欲望是生命力的表现，那不管人类有何种欲望，做何种努力，都是应该得到尊重的生存之道，而不应该受到非难。

但是，我们是生活在一个社会之中，社会上所有的人都期望着繁荣、和平和幸福，也就是说它是人类共同的愿望。换句话说，这个繁荣、和平和幸福是创造了人类的宇宙本源之力想要给予人类的。

因此，为满足欲望采取的行动，如果对我们自己有用，对他人也有用，也就是对推动社会整体的繁荣、和平和幸福或多或少起作用，那这种欲望就是对人类共同的愿望起作用的，自然也就是善的欲望，是值得大力推进的。相反，如果为满足欲望采取的行动，阻碍了实现彼此的繁荣、和平和幸福，就违反了人类共同的愿望，是一种恶的行为，必须被制止。

如上所述，欲望本身既不是善也不是恶，但是可以根据在满足欲望时所采取的行为是对实现彼此的繁荣、和平和幸福有利还是阻碍了它，来对其做出善恶的判断。当然，没有人不希望繁荣、和平和幸福，所以，任何欲望都会或多或少植根于这三个愿望，只是，如果仅仅希望自己一个人繁荣、和平和幸福，只图谋自己的利益而不惜牺牲他人的愿望，这就与宇宙的意志相差甚远，靠这种态度是绝对不可能得到繁荣、和平和幸福的。繁荣是跟所有人联系在一起的，只有大家一起繁荣，自身的利益才能够得到保障。

对繁荣的这种认识和觉悟，是让欲望生与死的分水岭，是能否让欲望得到正确满足的舵。

让欲望得到正确的满足

欲望是人类生命力的表现，是绝对不能被否定的，说欲望就是生命本身大概也不为过。更何况，欲望还是一种力量。因为是一种力量，所以根据使用方法的不同，可能对人非常有帮助，同时，一旦用错，也可能产生非常可怕的后果。这就好像炭火一样，炭火在火盆里的时候，可以给人驱寒保暖，大家都高高兴兴地伸手在上面烤火。然而，一旦不小心将火掉到了旁边的布垫上，哪怕是很小的火星，也可能会酿成火灾，所以人们都会急忙地把火灭掉。因此，即使是相同的东西，用法不同，产生的结果也会大相径庭。

欲望与此完全相同，虽然它本身并没有善恶之分，但根据利用方法的不同，可能会产生使自己高兴，别人也高兴的结果；同时，也可能会出现毁灭自己，也伤害他人的后果。而且，由于人类是欲望之体，对欲望的处理就必须格外慎重。无论多小的欲望，都不能马马虎虎地对待。不夸张地说，对欲望的认识和处理，就是对人类自身的认识，是决定人生方向的大事。

所以，无论如何我们都要了解欲望的正确面貌，并努力掌握正确运用它的方法。

比如，赚钱的欲望，本身没有丝毫的坏处，如果我们掌握了正确满足这个欲望的方法，通过勤奋、努力去赚钱，在给他人提供服务的同时自己也获得正当的收益，结果别人高兴，自己满意。但如果误入歧途，想通过不正当的手段去满足愿望，就会给别人带来灾难,也毁了自己。

教会人们如何正确行使满足欲望的手段,正是学问、教育和宗教的意义所在。掌握了正确地满足欲望的方法,就会使别人高兴,自己也高兴。如果人人都充满活力的话,繁荣生活就会到来。

信任与理解

为了实现和平、幸福的繁荣社会,必须增进彼此的信任与理解。

只有信任没有理解,做出的判断就会有失公允出现偏颇,从而陷入迷茫。只有理解没有信任,信念就会出现动摇,事情就会陷入停滞。

如果彼此都明白这个道理,怀抱素直之心,兼备信任与理解,任何事情就都可以得到迅速且圆满的解决,繁荣的根基就可以逐渐筑牢。

让行动高效的原动力

人必须相互协作，必须融入大自然，否则无法生活。在人与人、人与自然的种种关系下，人主动地或被动地活着。为了让人与人的关系、人与自然的融合顺利且有效率地运转，必须以"信任与理解"为基础。信任与理解——只有二者兼备时，好的人生，即繁荣、和平和幸福才会更早更好地到来。也就是说，信任和理解是好的人生的推动力，或者说是更高效地发展的原动力。

所以，信任与理解会涉及人生的方方面面，从日常的交往到宗教、科学，即信仰、认识领域。信任和理解是更有效率地实现繁荣、和平和幸福的手段。

为实现繁荣、和平和幸福，必须从各个角度思考，用一句话来说，就是必须在日常生活中注意经济效益。即使是在消费的时候，从根本上来说，其想法也必须是符合经济性的。这也是我们很自然的希望。更何况在生产时，这个要求就更加强烈。总之，不管做任何事情，如果在行动中缺少了对经济效益的考量，那么繁荣就不会到来。为此，对信任与理解这二者的领会就显得十分必要，当它们二者兼备时，会提高我们的行动效率。

就算是一次谈判，我们是否信任并理解对方，在亲近度上，在时间和劳力上，都会产生很大的差别。如果相互信任，马上就会"明白了"。和美国人说话时，只说一两句，他们就会说"OK"，这一方面可能是美国人纯真，对人的信任度高，另一方面，也可能是他们知识比较丰富，对事物的理解度高。

信任之心带来好的结果

　　一般来说，从结果来看，信任一件事比怀疑一件事所获得的更多。但是，今天当我们反省各自的生活方式时，发现怀疑成了常态，并顽强地交织在了我们的生活态度中。即使在与朋友的交谈中，有时也会觉得自己是不是受骗了，就连老师说的话，有时也会怀疑是不是谎言。心中缺少了基本的信任，看待事物的时候就会失之偏颇，这就是现状。诚然，有时候由于太相信他人而受骗上当的事情时有发生。实际上，就是在上当受骗时，骗人的一方有时也会被对方的纯真和信任感化，最后幡然醒悟，后悔自己的行为并加以改正的事情也是有的。

　　我们以宗教为例来分析，其核心思想也是信仰问题。就是因为大家相信佛的思想，或者是神的意志具有很强的力量，可以给人们带来很大的恩惠，才诞生了佛教或者基督教的教义，表现出可以挽救人、教导人的效果。如果有人对此持怀疑之心，认为"基督教也好，佛教也好，它们的教义我基本上都懂，但实际上神和佛有没有这份力量，我们没有亲眼看到，也没有亲身感受到，所以不可信"。那么不管你多么努力地宣扬好的教义，他也不会产生信仰。对于宗教，是从对它萌生信任开始的，随着信任逐渐加强，人慢慢地会感受到它的恩惠，进而对其表现出忠诚的信仰，最终到达绝对皈依的境界。

　　不仅是宗教，在日常工作中也好，在家庭生活中也好，在师生、劳资的关系上也好，越信任对方，事情就会越顺利，就越能取得好的结果。

现在我们假设一个商人开出了一张支票，这张支票是因为此人诚实可信才得以流通，有效地发挥作用的。如果这个人不值得信任，对方就会提出不能使用支票，而必须用现金支付，就会耽误交易，导致经济活动停滞不前。如果能够信任对方，签一张纸就能完成交易。

从这些日常生活的小事，到团体与团体的关系、国家与国家的关系，其道理都是一样的。

理解带来正确的认识

从以上论述可以知道，信任、信仰是非常重要的，是为人处世最基本的思想准备，因此是不可或缺的。但是，具备这一点，还不能解决所有问题。

以宗教为例，很多人因为信仰而悟出宗教的真谛，领悟了神之大爱，佛之慈悲，进而笃信神佛，度过平和的人生。今天的精神文化，就是以这种宗教为中心发展起来的。宗教虽然有如此大的作用，但并不是只靠信仰就可以取得所有的成果的。只依靠信仰，就会陷入迷信。看看历史，这样的事例非常多。如果只是相信，一个人本来是打算虔诚地信仰立足于真理的教义的，但结果还是会产生误解，或者邪教就会在不知不觉中诞生，很容易陷入迷信。就像火车偏离轨道、脱轨前行一样，例子也有很多。

因此，仅仅靠信任、信仰是不能取得应有的成果的。为了让正确的信仰发挥作用，还要有准确的理解，正确的判断，客观的认识。也就是说，我们要更多地给予信任，同时，也必须更多地加深理解。

信任和理解是车辆的两个轮子

即使理解加深了，如果心中的疑虑很重，事情还是不容易得到落实。

通过知识和经验得到的真理，必须在相互信任的基础上加以适用。信任这种精神活动与正确理解这种认知活动联动，我们称之为"信解两全"。

我们必须努力做到信任和理解的两全。

为了让信任不出现偏差，就必须让理解发挥作用。丢弃了理解，信任就容易陷入迷信。如果只有理解而信任缺失，信念就会动摇，甚至变得狭隘，导致自己关上了人类尊贵崇高的大门。

如何才能做到两全呢？当然要靠钻研和磨砺，最为关键的是要有素直之心。它是信任和理解更好地发挥作用的根本。信任会因为素直之心而加强，正确的理解也会因为素直之心而产生。做学问也是这样，如果总是拘泥于某一点，就难以有效地展开。只有常怀一颗明镜一样的心，才能做出准确的判断。信任就更是如此，如果心有邪念，疑心就只会越来越重。

只要有素直之心，信任和理解就会不断加深，并会在各种场合有效地发挥作用，无论是日常小事，还是重要的工作或交易，就都不会犯错误，成功自然会到来。

杀生的含义

万事万物，凡是对实现人类的繁荣、和平和幸福有帮助的，都有它的使命。违背这个使命的杀害，或者让其没有价值的生存，都是一种杀生。

对被杀害的生物寄予哀悯之心是一种高尚的感情，但如果被这种情感束缚，忘了杀生的本义的话，反而是犯了杀生之过。

剥夺人类自由，妨碍人类活动的所有作为，是最大的杀生。我们必须探究人性，遵从自然之理，创造出没有杀生的繁荣社会。

希望对杀生的含义有明确的思考

杀生本来是佛教用语，不杀生戒是佛教五戒、十戒中的第一戒，是针对"杀害人畜等一切有情之生命"的行为规定的严格戒律，是僧侣们为完成修行所采取的自我节制的一种手段。随着佛教的普及和在民间的传播，不可杀生的信条，对保护生物或培养慈悲心，做出了非常大的贡献。

但是，仅仅被"不可杀害生物"的字面意思左右的话，反而会有大的危害。比如，白河法皇在位期间，将破了不杀生戒的人处刑流放，国民痛苦不堪；再如，德川幕府第五代将军纲吉，外号犬公方，勒令弑狗者对狗跪拜谢罪，以示处罚。

还有这样一个传说。在奈良春日神社，鹿被视为神的使者，杀鹿者会被处以覆石沉井的极刑，所以奈良人战战兢兢，每天都要早起，查看自家门前是否有病死的鹿。万一在门前发现有死鹿，便要想办法立马把它转移到别处，所以奈良人养成了早起的习惯。这些都是极不合理的，是恶用不杀生戒，导致人受苦的例子。

时下是不是已经没有这种愚蠢的事情了呢？不尽然。这里我们不讨论法律问题，不杀生的想法，在人们的心目中还是根深蒂固的，当人宰杀牛羊等动物的时候，会用一种达观的态度自我开脱：这是人类为了生存不得不做的。这种想法，我觉得缺少积极的意义，也缺乏基于真理的明确思考。本来，如果这种想法对实现人家的繁荣、和平和幸福没有妨碍，我是没有必要在这里展开来说的,但这种对于杀生的模糊想法,实际上不但让我们的行动模糊起来,还会导致我们只关注动物的生死,忽视了更严重的杀生行为。所以,有必要在这里对杀生的含义做一个明确的说明。

人类是宇宙本源之力的代行者

作为一个基本的思考,我认为,"万事万物,都是为了帮助人类实现繁荣、和平和幸福而存在的,无论是动物还是植物,自然界所有的东西,都有服务于人类的繁荣、和平和幸福的使命,这个使命是上天赋予的。为此,我们可以进行必要的杀害,也应该让有必要生存的事物得以存活,这才是正道;不杀害该杀的,无法让应该生存的存活,才是真正的杀生"。

也许有人会觉得这是蛮不讲理的谬论,但我决不这样认为。宇宙里存在的一切事物,包括太阳、月亮、动物、植物等,它们都有使命服务于人类追求繁荣、和平和幸福的大业,如果它们不履行这个使命,实际上就是杀生。所以,如果宰牛伐木对人类的繁荣生活有益,当然必须为之。杀生,与生命的生杀予夺完全是两回事。

那么,它为什么可以作为真理得到主张呢?如果我们能参透人类的本质,或者说人类本来的地位,这种主张其实是不言自明的。

宇宙包罗万象,万事万物都是由宇宙本源之力创造出来的,并依靠其维持运行,完成其生命的延续。人类被赋予了一种与众不同的本质，是宇宙本源之力（也可以叫作神）的代行者，是神的意志的认识者和执行者。为什么这么说呢？因为只有人类，才能认识到神的存在，才能察觉神的意志，并且顺应神的意志生活。用棒球打个比喻，神是教练，人类是队长，在整个宇宙中，人类是仅次于神的最高存在者。

所以，如同教练给予队长足够的信任和爱护，并建立了一套有助于赢得比赛的球队秩序一样，宇宙本源之力将人类作为自己的代行者备加爱护，为了实现人类的繁荣、和平和幸福，建立了整个宇宙的秩序。宇宙间的万事万物数不胜数，作用不同，形状各异，但都用各自的方式，服务于人类的繁荣、和平和幸福。这是宇宙本源之力赋予它们的使命。

所以，无论动物、植物，为了实现各自的使命，对人类的繁荣、和平和幸福有帮助，该献出生命就要献出生命，该存活的就要存活下去。

虽说如此，但在实际宰杀动物的时候，心中必然会产生哀怜之情，这其实是只属于人类的情感，是一件非常可贵的品质。

如果被这哀怜之心束缚住，无法杀掉该杀之物的话也是一种犯了杀生之过的行为。也就是说，哀怜之心不可与杀生的本义混为一谈。

杀生的行为

杀生，并不仅仅针对动植物，还包括剥夺人类身心自由、阻碍人类活动的所有行为。换句话说，践踏人类生存意志，妨碍人类生存活动的所有行为，是各种杀生行为中最严重的。无论是政治、经济、宗教还是教育，如果施行的措施，歪曲了人类的精神，损害了自由，那就是最大的杀生。

这就宛如在大树下见不到阳光的杂草纤弱且无精神一样，如果人类的生存意志被抑制，生命力被扭曲，那人类就会失去朝气，萎靡不振，最终化成行尸走肉，这不就是最大的杀生吗？

一方面我们对动植物的杀生非常敏感，另一方面却对妨碍各自精神自由的杀生出奇地迟钝。政治家、教育家、学者、宗教人士都有必要再一次认真地反省，看看自己的所作所为是不是压制了很多人的自由精神，践踏了其生存意志。只要还存在这样的行为，人类社会的繁荣、和平和幸福就难以实现。如果大家都期望繁荣、和平和幸福，就有必要对这些行为加以纠正，创造一个真正没有杀生的光明社会。

所谓杀生，并不单指对动物生命的剥夺。为了实现人类的繁荣、和平和幸福而善用一切事物，是符合真理的。为此，杀掉该杀之物，让本该存活之物得以生存才是正确的行为，而不这样做就是犯了杀生之过。我们应该铭记，"剥夺人类自由，妨碍人类活动的一切行为，会极大地损害繁荣、和平和幸福，是最大的杀生行为"。期望人类努力创造出一个没有杀生的光明的繁荣社会。

第三章 人生

人生的意义

所谓的人生,就是由生产和消费组成的营生。只有物质与精神俱佳的生产与消费,才能创造出理想的人生。

要进行好的生产与消费,必须谋求精神文化和物质文化的全面发展。政治与经济、科学与艺术、宗教与教育在实现这一目的方面均具有重要的意义,离开它们就没有任何价值。

人类必须努力进行好的生产和消费,以全面实现繁荣、和平和幸福,进而实现人生的意义。

何为人生

关于什么是人生,数千年以前我们的先哲圣贤以及其他诸多有建树的人,以多种形式从各个角度著书立说,有的人认为称赞神灵的辉煌就是人生,即按照天地创造的目的,经营的生活中有神灵的喜悦就是人生,还有人从学问的角度或者从宗教的角度来探讨人生。这些学说站在各自的立场上来看不乏真知灼见。但我们姑且不谈这些学说,直观地看人生是什么,实际就是生产与消费的行为。这里所说的生产与消费并非单指制造物资、使用物资,而是意味着物质和精神两方面的生产与消费。比如相互亲近交流感情,就是同一思想在作用。若相互沟通积极的感情,自然是精神进步的生产;若相互沟通消极的感情,就是精神颓废的生产。消费也是一样,听良言花心思是其中的一种消费。听音乐感到欣喜,看名画感到愉悦,都是一种良好的精神消费。反之,感到不愉快觉得痛苦,就是一种精神颓废的消费,不会走上理想的人生道路。再比如读一本好书进行学习就是同时进行良好的生产与消费。为什么这么说?是因为在消耗时间、脑力与体力的同时,获得了新的知识。良好的生产与消费严格追究起来,其界限或许不清,界限不清判断起来非常困难。这需要每个人来判定,而且即便观点和判断因人而异,但最终内心都是希望繁荣、和平和幸福,并为此付出努力。如此说来,人生可以说都是由物质和精神两方面的生产与消费构成的。我这么说,应该已经清楚地表明了人生百分之九十五的内涵。

日常生活再认识

有许多人皈依宗教求得安心立命，感受人生的快乐。但即便是一直坚持这种生活态度的人也需要时常反思，自己走过的道路在社会生活中是否为良好的生产与消费。因为理想的宗教生活应该是最高、最好秩序之中的生产与消费。皈依宗教的人如果不能够形成良好的生产与消费，即便相信自己的生活符合其道，也会歪曲真理，对事物产生错误的认识。

不仅皈依宗教的人，就是单纯坚守道德的人，其生活态度之中也必须产生良好的生产与消费。如果没有出现理想的结果，就不能够称其为遵守其道。这时，若认为自己已遵守其道，那也是迷途之态，若误以为道德如此并深信不疑，则更是荒谬错误的。

从梳理的这些问题可以看出，我们有必要认真地重新审视我们的日常生活。

现在社会上的人是否都是在对自己的人生有深刻的思考后才开展活动的呢？恐怕未必。实际上，很多人都是按社会一般常识在无意识中工作。

比如，大部分人会想，做买卖也不高价欺客，有一点利润就知足，每天生活相安无事，这就是人生。那么为什么获得一点小利就知足呢？或者经商有什么使命呢？一般来说，人们在生活中对这些问题并不做深入的思考。如果我的分析不错，那么可以说，纵观人类历史，弄清人生的真正意义还并没有成为人们的常识。也就是说，物质文化虽然在不断发展，精神文化却跟不上，关于人生的统一的思考还没有普及。

因此，我们可以简单地通过"人生就是生产和消费组成的营生"这一分析，对人生的好坏做出大体的判断。

为了物质文化和精神文化的发展

那么要从事良好的生产与消费，要实现理想的人生，就必须在发展物质文化的同时力争发展精神文化。

比如，就政治而言，像今天这般，并没有产生良好的生产和良好的消费，因此，绝对谈不上是好的政治。从现状来看，我们甚至可以说是坏的生产和坏的消费在大行其道，所以现在的政治氛围很差。

经济亦是如此。在经济领域是否在产生好的生产和好的消费呢？只能说我的答案是非常悲观的。在科学、艺术领域同样如此。

教育也是如此。如果一种教育是好的教育，符合教育的规律，那么接受教育的人就必须从事好的生产，产生好的消费。

有一位教育家讲过，说没有任何一个地方的教育能比得上日本。诚然，现在日本没有哪个人不会写自己的名字，但不能因此就说日本的教育在世界上最为先进。因为评判教育发达与否不单单是看会写自己姓名的人有多少，还应该看教育在人生中是否真正发挥正确的作用。倘若开展的教育是似是而非的，它不仅没有任何作用，反而成为物质和精神两方面的恶性消费。

从事教育的人有责任和义务思考这个问题，使我们国家发展成为名副其实的世界一流的教育发达的国家。然而遗憾的是，每当我观察教育工作者的言行时，总觉得旧有的教育观念依然存在。这就是现实。

从以上分析可以看出，只有好的生产和好的消费才能实现理想的人生。如果以这种思想为基准来规范我们的生活，就会踏上通往繁荣的道路，避免弯路、歧路。在这个意义上，实业家与政治家、学者与宗教家、官员与教育家，所有人都必须在各自的岗位上为发展精神文化和物质文化发挥最好的创意，把自己的工作做到最好。

当然，没有人会希望自己的人生是不好的，人人都想拥有一个理想的人生。要实现这个愿望，但愿我上面的论述能给大家提供有益的启示和可供参考的衡量标准。

天分的自觉

在这个世界上，没有完全相同的两样东西，也没有完全相同的两个人。每个人的使命不同，所走的道路也不尽相同。

因此，把所有的人都归为同一种类型，让其走相同的路，这本身就是违背自然规律的。

每个人都是独特的存在，正是在发挥各自天分的过程中得以生存，人类全体得以存续发展。如此，才可以产生真正的自由，才能构建出繁荣、和平和幸福的社会。

不存在完全相同的人

没有完全相同的两个人,每一个人的相貌和身材都是不一样的。并且这种差异不以人的意志为转移。就像生孩子的时候,有人会希望生个男孩或生个女孩,但事实并不一定如愿。人类不可能完全按照自己的能力和意愿繁衍后代。

所以,既然每个人都不同,那每个人肩负的使命和拥有的才能也不尽相同。我们必须认识到正是因为这种不同才体现了宇宙的真谛,必须以这样的理解去认识世界、认识人类,我们也必须基于这样的认识去规范本身的活动和人生道路。

但是,在现实社会中,似乎无人关心人们对这种不可撼动的真理究竟了解到了什么程度。人们往往依赖自己的智慧才情来思考和处理事情。这样一来,很多人就会把所有的人都归为同一种类型,限制起来,统一起来,让他们走同一条路。不可否认,这种想法在某些方面是很有价值的。但是,如果全世界的人都这样想,对事物持有相同的看法,那么无疑将会阻碍社会的进步。

喜欢与讨厌乃本质之物

人生下来就是千差万别的,其内心想法也各不相同。有人喜欢红色,也有人喜欢白色。问其为何喜欢白色,却回答不出什么特殊理由。实际上,他只是遵循自己的本心而已,并没有什么特殊理由。

对酒也是一样，有人喜欢喝，也有人喝不了。对于生活方式，有人认为这样的生活方式很好，也有人认为这样的生活方式很拘束，想过更自由的生活。这时，如果举一些例子，跟他说那种奔放不羁的生活会让他以后变得贫困潦倒，劝他更合理地规划自己的生活，他一时也许也会觉得言之有理，并试图多少做出一些改变。但是，真正喜欢过奔放不羁生活的人，还是无法从心底里喜欢这种看似合理的生活方式。因此，他与从心底里喜欢过合理生活的人相比，在生活方式上还是有很大差异的。

人类的这种特性是天生的。我们要好好认识这个本质，并充分发挥它，进而创造出和谐共生的生活。

那么，针对一个人的本能想法，我们是应该跟他分析利害得失，从而试图引导他的想法呢，还是尊重每个人的特性，按照一定的秩序构建一个生成发展的理想的社会组织更好呢？我想，这两个做法都存在问题。

复杂化是文化的进步

随着人类智慧的进步，社会变得越来越复杂。原本单一的颜色也变得越来越复杂。原始社会基本上只有原色，随着知识的发展和文化的进步，逐渐产生了混合色，有了丰富多彩的色彩。比如，将红色和白色组合起来，黄色和红色混合起来，都会产生特殊的颜色。生活方式也是一样，假若返回到简单的原始社会的生活方式，那绝不是文化进步的表现。文化越进步越能善用所有事物的本质，通过复杂的组合，产生秩序，并达到生成发展的目的。如果没有在充分发挥每个人的个性和让大家都能享受生活方面产生新的思维方式的话，就谈不上文化的进步。

虽然上述的这些做法现在并不是没有，但是也有将所有事物整齐划一地进行一刀切的倾向。我认为那是不遵循人类本质的，是违反自然规律的。

我觉得这种违反自然规律的思维方式是中了教条主义的毒。一个研究成果，可以对一部分的事物起作用，可以提高某些方面的效果，但如果违反自然规律，将这个研究成果应用到所有事物上的话，就会失去效果。万事万物不可一概而论。比如，如果山阻碍了交通，就把山弄成一样的高度，那么山就不是山了，平地也不再是平地。这种做法是不可取的。人也是一样，通过各种各样的组合，匹配复杂的生活方式，发挥出每个人的特性。

人是千差万别的，每个人保持原本的样子是最理想的。在这千姿百态中，有效利用各种判断，并将其统合起来，从而建立起正确的秩序——这就是社会的理想。

所以，我不主张同行的人就一定都要走相同的路。我当然希望大家并肩同行，但每个人的步伐和想法是可以不同的，我们应该在充分尊重每个人的想法和做法的基础上去实现繁荣、和平和幸福的生活。只有这样的社会，才能无限发挥每个人的才能，让所有人过上自由的生活。最终，既可以活用以前的经验，也能形成共享利益的社会思想。

猴是猴，鱼是鱼

一切都应该保留原有的样子。猴子是猴子，鱼必须是鱼本来的样子。比起把鱼放入干净的水和干净的容器里，不如放入大海里，虽然可能有被鲨鱼吃掉的危险，但是鱼在大海里自由自在地生活是它的天性，也只有在那里鱼才感到快乐。

同样的道理，人也一样，只有活出本来的样子，才会感到真正的幸福。所以，不能因为某个人很幸福，就轻易地说大家只要和他一样就都会幸福。比如，有人觉得住在雄伟的宫殿里，穿着华丽的服装是幸福的，但也有人觉得那样很拘束，不仅谈不上幸福，反而感到不幸。所以，重要的是，一个人秉持符合自己天分的生活方式才能得到真正的幸福；相反，对一个人来说，不符合其天分的事物就算给予再多，他也不会感到喜悦。

每个人都应该按照自己的本来面貌去生活，一千个人就有一千种生活方式。我想倘若每个人都按照自己的生活方式生活，互相宽容尊重并保持应有的秩序，那每个人的天分也就可以发挥得淋漓尽致。

殊途同归的社会

毋庸置疑，建立真正繁荣、和平和幸福的社会，需要新的知识，但新的知识不能扼杀人类的本能。人类只有在发挥每个人的特点时，才会产生新的知识。也只有这样，才能殊途同归。也就是说，大家是可以在保持各自个性的同时，朝着繁荣、和平和幸福的共同目标前进的。我想在那样的社会中，不论自己还是别人，每个人都能过上自己想要的生活。

我认为这种做法才是真正的民主主义。也就是说，民主主义是建立在尊重天赋本能，尊重彼此个性的基础上的。而且，尊重彼此的天分，强大的秩序才能得以建立——这就是民主主义，在此基础上，真正的自由会应运而生。

社会秩序也许是纷繁复杂的，但如果它会抑制各自的自由，那么人类的个性在这样的秩序下就不会得到发展。每个人得以各尽所能，各得其所，而且秩序井井有条，社会也不断发展——这才是真正的繁荣、和平和幸福。

总之，彼此要依天分生存，也就是时刻提醒自己要按照上天赋予的状态生活。同时，更要确立一种让每个人的天分都能得以自由发挥的社会秩序。我认为，社会的富足与和平以及人类的幸福都源于此。

人的成功

人各自有不同的生命力,人的成功就在于发挥各自的天分。

人的成功和社会地位没有任何关系,因为何为成功因人而异。

我们必须以一颗素直之心,发现自己的天分,获得人的成功,由此迎来个人的幸福和社会的繁荣。

生存之道各异

我们从小就接受教育要出人头地,自己也不明白,总之必须成功。人们将获得较高社会地位的人称为成功者,将创造财富的人视为成功者,并对其表现出无上的尊敬和崇拜,认为这才算是某种成功的标志。取得社会地位和获得财富本无可厚非,但如果认为只有这样才是成功,那将会招来巨大的不幸。成功绝非如此狭义,它应该具有更深、更广的意义。因此在这里讨论一下成功究竟是什么。

人被上天赋予了各自不同的生命力,这种生命力是我们生命本源的一种力量,它由两种力量构成,一种是想要生存的力量,一种是如何生存即体现人类使命的力量。这种生命力是宇宙本源之力赋予的,每个人都拥有它。

前者,也就是想要生存的力量,或可称之为生命的本能,这种力量对于所有人都是共同的,没有任何差异的;后者,也就是如何生存的力量,是赋予人的使命,它会因人而异。由于这一力量,每个人都变得不一样,从事不同的工作,拥有因人而异的生活方式。有些人被赋予的生命力最适于当政治家,有些人则被赋予了做学者的生命力。卖鞋就是卖鞋的,卖鱼就是卖鱼的,每个人的使命都不一样,每个人的才能也各不相同。

生命力是宇宙本源之力给予人类的,也就是天赋之物,我们称之为天分也未尝不可。也许,天分真正的意义正在这里。

所以,如果这个观点是正确的,天分是上天赋予每个人的,所有人只要按照自己的天分生活，就是最正确的生活方式。

由此看来，成功就是原原本本地发挥自己被赋予的天分。若将这个意义上的成功称为人的成功，那么，人的成功才是真正意义上的成功。

成功的表现因人而异

前面说到，充分发挥自己被赋予的天分才是真正的成功，才是人的成功。如果这样，成功的表现就会各有不同。有的人当大臣是一种成功，有的人开店卖牛奶也是一种成功。社会地位、名誉以及财富并非成功的标准。遵循自己被赋予的天分才是成功的标准。

人只有在这种天分中生存才能体会到真正的幸福。以前大多数人认为只有获得社会地位、有了名誉、积累了财富才是唯一的成功，所以很多人付出了非常不切合实际的努力，扭曲了自己的天分或者说本质，到头来只能失败。也就是说，以往的成功观是无视幸福的。换句话说，人们普遍认为只要获得社会地位、名誉以及财产，幸福自然就会到来。

但幸福未必一定需要社会地位、名誉以及财产。只有按自己的天分生活，即获得了作为人的成功时，才能真正体会到这一点。因此，真正意义上的成功与否是看是否遵循了自己的天分，这也是能否获得真正幸福的关键。

进一步来说，人的成功和社会地位毫无关系，幸福和社会地位也不存在任何关联。充分发挥天分的人，不论社会地位多么低、财产如何少,都会充满活力,沉浸在喜悦之中,并认识到自己生命的价值。有了这种自信,生活上就能脚踏实地,干劲十足。

强烈的愿望与素直之心

刚才谈到每个人都按自己的天分生活就能获得真正的成功和幸福。那么接下来的问题是:怎样才能发现天分?前面反复说要发挥天分,但如果都不清楚自己的天分在哪里,那一切都是枉然,这是再明白不过的道理。自己的天分究竟在哪里呢?这实际并不容易察觉。也就是说,我们的天分并不是以一种显而易见的形式被赋予。这看起来也许有些不合理,但这正是人生的乐趣或称为人生的滋味。如果能轻易地捕捉到自己的天分,那人生便没有任何乐趣了。正是因为难于察觉,人们才会不断地努力求索,这个过程,就蕴含着不可多得的人生趣味。

如上所述,先要明白发现天分的意义,然后要搞清楚通过什么样的方法和努力才能发现它。我想说的是,先要有发现天分的强烈愿望。要有成功的欲望,更要有为此而努力发现自己的天分或者想方设法找出天分的强烈愿望。一旦有了这种强烈的愿望,在日常生活中自然就会发现自己的天分。

比如,人有时会听到自己的心声,有时因为某种动机或一个事件,会突然发现自己从未意识到的天分。另外,有时候别人也会告诉自己,跟自己说选择哪条道路更合适。这时,自己的愿望越强烈越能受到启发,如果没有强烈的愿望,别人说什么都是"对牛弹琴",导致难得的良言却派不上用场。因此抱有发现天分的极大热情是至关重要的。

为此,始终怀抱一颗素直之心就尤为必要。如果缺乏素直之心,有时就会高估自己,有时又会曲解他人的忠告,进而走上荒唐的道路。也就是说,要发现自己的天分,随时随地都需要具备强烈的愿望和一颗素直之心,两者缺一不可。

构建便于发现天赋的社会

在怀抱发现天分这种愿望的同时,我们还应该从更小的时候就开始向孩子们传授这样的观点,周围的人也要创造良好的氛围,使孩子们便于发现自己的天分。我们必须在家庭里营造这样的氛围,学校教育也应该努力朝着这一方向开展。进而扩大范围,整个社会都要对发现天分充满热情,营造利于发现天分的氛围。

这样,每个人在发现自己的天分并努力发挥天分的过程中,所有的人都会成功,所有的人都会获得幸福。不仅如此,如果大家都遵循各自的天分,不勉强自己也不强人所难,不进行无益的竞争,人人都努力守住自己的本分,那么整个社会就会像一个有机的活动整体,就会一天一天走向繁荣。

当然,以上所阐述的成功观或许以前也不止一次地谈到过,算不上是耳目一新的学说。这一主张是否被谈论过另当别论,总之,要实现繁荣、和平和幸福,无论如何都必须秉持这样的成功观。因此,我在这里呼吁,希望每个人都能实现个体的成功,也就是希望各位都能努力真正地发挥出自己的生命力。

礼的本义

礼是人迈入人类生活的第一步。知礼守礼可保证人的生活秩序，开启和平之路。

礼分三种：其一，对宇宙本源之力的礼；其二，对人之礼；其三，对物之礼。

第一礼生于信仰，有了第一礼做基础，第二礼和第三礼自然就明确了，这样才奠定了生活基础，才能迎来繁荣生活。

三礼

作为人,在生活的道路上必须考虑的事情有很多,"礼"是其中最基本的内容之一。只有人类才会遵守礼,动物或其他事物不存在礼。人们常说"鸽有让三枝之礼"①,其实这是用人的思维方式解析鸽子的习性,并非鸽子有意识地遵守礼节。在这方面,人和动物是不同的。因此,人要过人类应有的生活,彼此就必须知礼节。

有关"礼",自古以来就有诸多研究、诸多说法,人们通过各种形式接受着有关礼节的教育。我们今天在社会交往、待人接物或是生活态度上的表现,无一不是依礼而行的。虽然如此,依然有人会陷入战争,并落得战败的可悲下场。这个结果,在某种看法上,可以说是因为不知晓礼的本义造成的,或者说,即便知礼,但在传承的过程中存在认知上的谬误,或观念刻板僵化,使得今天形成的有关礼的观念、习惯与常识,并没有真正体现礼的真义。从这个意义上说,这里有必要就礼的问题做一番探讨。

那么,礼究竟是什么呢?说得浅显一点,就是在素直之心下的感恩之心和尊重的态度。说得深奥一点,就是顺应宇宙秩序的生活态度。

宇宙秩序——我称之为第一义秩序,它是天地自然之理,

---

① 日文典故,出自《学友抄》:鸦有反哺之孝,鸽有三枝之礼。据说幼鸽在树上栖息时,会选择比父母低三根枝条的树枝,比喻重视礼节。

是宇宙本源之力指示给人类或万物的道路。顺应宇宙秩序的生活态度就是礼，并由此建立人类的社会秩序。相对于第一义秩序，我把人类社会秩序称为第二义秩序。这是我们现实社会中具体体现的秩序。总之，顺应天地自然之理的生活态度就是礼，是人类社会秩序的根基，遵从此礼就能开辟出一条和平之路。

宇宙本源之力和人的关系通过生命力、精神法则、物质法则三条线连接起来。因此顺应宇宙秩序的生活态度，也就是三种尊重万物的姿态：第一是对生命力的尊重，即对给予我们生命力的宇宙本源之力表示感谢；第二是对精神法则的尊重，即对人们心与心的交流所产生的喜悦和敬爱；第三是对物质法则，即对物质的尊重。因此，礼也可以分成三个方面进行思考。

第一礼是胸怀素直之心，感恩和致敬宇宙本源之力。对创造人类和创造万物且左右一切的根本之力表示感谢和祝愿。

第二礼是胸怀素直之心，互敬互爱。这即是人伦，即是道德。

第三礼是胸怀素直之心，尊重事物，珍惜每一种物品，有效合理地利用。这就是经济。

如此，礼分成三部分，对人之礼、对物之礼的构建，都是以创造万物、支配万物的宇宙本源之力为基础。由此可见，先思考礼，如果在礼的思想指导下践行其礼，那么必然会迎来富有的繁荣生活。这既不能是单纯、僵化、保守而流于形式的虚礼，也不能陷入繁文缛节，更不能陷入只讲道理的泥潭。如果人们理解并遵守形实兼备的礼，就不会形成今天这样的贫困社会。

第一礼——信仰

那么，接下来就产生一系列问题：人具备什么力量？人有哪些要素？如果仅就之前的阐述，未必仅限于人，牛和马亦如此，也都源于宇宙本源之力。那么人和动物有何不同？实际上，人从宇宙本源之力中获得了人所以为人的生命，而动物没有。在所有获得生命的一切事物中，人的生命是最伟大的，它被赋予了担当宇宙本源之力代行者的地位。

如果将宇宙本源之力视为神，那么人就是神的代行者，就是使神具象化的表现。也就是说，人的生命是被赋予了代表神处理人自身及世界万物的能力的。这是我的人类观。所以人的烦恼或困惑本来是不存在的，人与生俱来就被神赋予了繁荣、和平和幸福。这是人生命力的体现，是人的本质。

换言之，人本来就已经获得了走向繁荣、和平和幸福生活的生命力。这才是真实的状态。在现实生活中却并非如此。因为我们要么忘记了这件事，要么根本就没有认识到这个事实。这样在生活中才招来诸多的不幸。

人的本质是在繁荣、和平和幸福的状态下与生俱来的。要在生活态度上体现这一事实，先要自觉认识到这一本质，同时需要一种将其具体化的生活态度。于是，礼应运而生。

综合上述观点，最重要的是认识宇宙本源之力，并对其表示感恩和祝愿。

第二礼——道德

第二礼是对人之礼。彼此心怀爱与尊敬,正如之前所言,人的本质就是每个人都从宇宙本源之力中获得生命力,有按各自的形式实现繁荣、和平和幸福的使命。应该承认彼此的人格,在生活中相互合作相互帮助。

民主主义其实就是从这里诞生的。相互尊重人的尊严、遵守礼节,这样,民主的态度才能显现。

这里所说的第二礼是在信仰的基础上产生的人伦。也就是说,是在信仰的基础上的人与人之间的关系,而扎根于信仰之中的道德是永恒的。如果说道德在任何时代都不变,也许会有人反驳说并非如此,道德随着时代的变化也在变。这种说法我们姑且认为是正确的。

比如,过去对殉葬、陪葬大加称赞,认为是一种美德,是一种效忠行为。但今天任何人都不会接受,反而认为是一种漠视生命的恶行。看到这种情形,就容易认为道德标准是变化的。但这并非道德标准的变化,而是称赞殉死的道德本身存在错误,现在只不过是将应该改变的改变了而已。之所以出现这种情况,是因为没有透彻地理解人的本质,是作为道德基础的理念产生了错误。

以第一礼为基础才产生第二礼,第二礼是道德,道德是不变的。但将第二礼具体化的态度是与时俱进的,并逐步得到完善。随着文化的进步,例如飞机变成了日常的交通工具,就会出现新的礼。但不管怎么说，倘若正确把握人类观，立足于以第一礼为基础的理念，那么不管态度和形式如何变，道德的标准是绝对不变的。

第二礼是人类社会的礼。因此它不仅限于现在活着的人，礼中也包含已故的人。对先祖的崇拜，对佛祖的跪拜，对基督的礼拜，以及对伟大发明者的感谢，这些都包含在第二礼之中。

在这种情况下，礼法、礼仪、礼拜也就变成了一种形式。我不想强调形式，不单纯地考虑形式。内心才是最重要的，必须培养人的感恩之心。

第三礼——经济

第三礼就是对物质、自然之礼。也许有人会说，对物质没有必要投入精神上的情感。但总会萌生感谢空气、水、太阳之念，爱动物之情，爱护器械或工具之意。这就是此处要谈的礼。它依然是以第一礼为基础而产生的。也就是说，物质是宇宙本源之力创造出来的，是受其支配的。例如，树木茁壮成长，就是孕育万物的宇宙本源之力在起作用。因此，感谢物质的存在恰恰和宇宙本源之力密切相关。从这个意义上说，我们作为人要感恩自己获得的物质，要充分发挥物质的价值，实现物尽其用。是否对一个茶碗抱有上述感情，对待它的态度也是完全不同的。如果没有尊重器物之心，使用时就会粗暴，那么茶碗很快就会破损。不能充分发挥器物的价值，实现物尽其用就等于杀生。

想必各位都读过吉川英治所著的《新书太阁记》，明智左马介光春在坂本城结束自己生命的时候，将光秀的传家宝虚堂墨迹、煮茶器、名贵茶叶罐、长刀等很多物品都交给了攻上来的敌方武将堀监物，然后说道：

> 若战败而去，天下社稷亦须交与胜者继之，更何必在乎一茶器、名刀？然吾之所思，如此重器有其生命，该持之人持之，乃成其人之物，决非我物焉，吾信此物乃天下之物，世代之宝也。世人一代持之短矣，吾祈名器宝物世代长存。宝物若失灭于火，乃国之损也，亦武将之莽焉，后人定叹之惜之，是以托之。

这一节充分表现了光春对器物的态度，他尊重器物、怜爱器物的形象跃然纸上。

以上，就是我对礼的基本思考。以前谈到礼，人们往往只谈属于人与人之间关系的第二种礼，实属墨守成规，忽视了礼的基本理念或精神。故此，我在这里从其本质上做了深入挖掘。

信仰的理想状态（一）

信仰，就是将真诚的感谢献给哺育万物的天地。懂得天地之恩赐的宝贵，才能开启正确的信仰生活。

我们已经获得了天地的恩赐。忽视了这一点，人类就会陷入狭隘的欲望之中，就会产生迷茫和迷信。

天地的恩赐是无心①的，是平等的。当对这份恩赐献上真诚感谢的时候，人的思想将变得清纯，从而爆发出无限的能量。

---

① 佛教用语，与"有心"对应。无心，就是从一切妄念中解脱出来，心无所属，无念无想。——译者注

信仰之心是人的本能

二战结束后，日本新宪法允许"信教自由"，因此新兴宗教以惊人之势迅速传播。战前和战争期间，宗教团体总共有四十六个，包括基督教、佛教、神道教以及其他宗教。如今已发展到三百四十多个教派。号称拥有十万余教徒的新兴宗教，在全国范围内就多达二十几个，信徒总数按各宗教团体提供的数据统计，大约有一千二百万人之多。这只是在文部省①备案的数量，实际比这个数量还要多出50%。这样算来，日本的宗教团体已经超过五百个，信徒的数量则超过了一千五百万人。日本的人口现在有八千多万，也就是说整个日本有大约六分之一的人属于某个宗教团体，在生活中皈依各种各样的神与佛。

从这种状态看，人在实际生活中总要信仰什么或依靠什么，如果在心灵上没有寄托，往往就无法生存。

当然我这样说也许有人反驳说："我不信神不信佛，没有任何宗教信仰，我也能活。"但是这样说的人一定在其他方面有一种心灵上的寄托。不靠神佛，也许是靠科学的力量，在学问中求得思想依托，或者对原子弹有信赖感，更常见的是找一些像体育运动或是舞蹈之类的生活寄托，这些也是信仰的一种变换形式。

总而言之，人都会在无意识中求得一些信仰，信仰之心是

---

① 日本政府机关名。——译者注

人与生俱来的一种本能。

由此可见,信仰之心是人的一种本能,人在不知不觉中总要有所依赖,有所寄托。如何才能够满足信仰之心,也就是该信仰什么的问题,对于实现繁荣、和平和幸福是非常重要的。人虽有食欲,但如果不分好坏什么都进食,不久身体就会出问题。同理,人虽有信仰之心,如果信什么都无所谓,只要有个信仰就可以,那么人很快就会陷入迷信,反而会破坏繁荣、和平和幸福。因此必须思考正确的信仰的理想状态,破除迷信,充分研究什么是正确的信仰。如果不把握这些,很难实现真正的繁荣、和平和幸福。

恩赐早已存在

那么,究竟何为迷信、何为正确的信仰呢?必须十分清楚的是,我们早就获得了天地赋予的无限的恩赐了。

我们有获得繁荣、和平和幸福的强烈愿望,日夜期盼实现繁荣,迎来和平,获得幸福。实际上,实现这种愿望的条件已经非常充分,这就像急需一百万日元资金而保险柜里已经储备了这些钱。保险柜不是空的,里面存放着一百万日元资金,只要打开使用便可。倘若认识不到这一点,总是处心积虑地想巧取豪夺,心生歹念,最终就会行窃或者斗殴。

我们应该十分清醒地认识到我们已经充分地获得了天地的恩赐,既然早已获得,就说明不是因为信教才获得了特别的恩惠。这种认识是破除迷信的第一步,同时也是步入科学信仰的第一步。

恩赐是无心且平等的

我们已经获得了天地赐予的无限恩惠，但是，天地赐予恩惠的方法是否因人而异？这是我们接下来要讨论的。

如果有人认为宇宙本源之力是厚此薄彼的，会给予某些人丰厚的恩赐，而对另外一些人施以惩戒，是对个体带有意识而区别对待的话，那这些人就会极大地陷入迷信。这种想法是极端歪曲事实的。

天地的恩泽不会以这种方式赐予，无论祭拜与否，宇宙本源之力都会将天地的恩泽之光普照人间。《圣经》说："天父叫日头照好人，也照歹人；降雨给义人，也给不义的人。"（马太福音第5章）宇宙本源之力给予每个人的恩泽都是平等的，不分善恶，不论贤愚。宇宙本源之力不会像我们人类那样，带着一种目的去赐予恩惠，而是完全以一种无心的状态将其恩泽普撒人间。

这种无心，也可以说是宇宙本源之力对人类深厚的爱。这种恩惠特别广又非常大，仅靠我们人类的弱小意识根本无法判断宇宙本源之力的意志。

我们必须明白天地的恩赐是无心的，是对所有人都不偏不倚的。认识到天地的恩赐是平等的、无心的，这是走向正确信仰的第二个关键点。

信仰能治病吗？

接下来我们要考虑天地的恩泽究竟是以什么方式赐予人类的。

要了解这个问题，我们看一看最新的宗教主张就会明白。近来，一些宗教盛传只要依靠信仰的力量就能够治好病，既不用看医生也不用服药，只需要信仰神灵，依靠精神的作用肉体的疾病就会自然痊愈。这种主张在某一方面或许是正确的。但有人就此断言，许多人靠信仰而治愈，获得了很大的慰藉，坚信这就是真理并逢人就宣传，进而抛出再也不需要医生和药物了，只要信神信佛就够了的论调。

事情说到这种程度，很明显已经是迷信了。毫无疑问，精神会对肉体产生很大影响，但物质力量也会对肉体产生很大作用。精神力量和物质力量应该同时兼顾，只靠一种力量医治应该说绝不是一种十全十美的治疗方法。因此，我们应该追求精神上的安稳，也要接受肉体上的科学治疗，也就是要采取兼顾物质与精神两方面的治疗方法。宇宙本源之力给予了我们思想上的动力，同时也赐予了我们物质上的动力。换言之，医药也是宇宙本源之力给予的恩赐，所以我们借助医疗的力量绝不是对神的冒犯，单靠一方反倒是没有真诚接受恩赐的一种表现。

综合来看，天地的恩惠是按物质和精神两方面赐予我们的。我们要明辨物质和精神两方面恩赐的实质，并真诚地接受它。这是避免迷信，走向正确信仰的第三个关键点。

感谢带来无限的勇气

我们人类知道了是天地给了我们无穷无尽的恩赐的话，就理应对其表示深深的感谢。

不管谁给了我们什么，我们都会致谢。哪怕是只敬了一根香烟，我们都会表示感谢。别人只给了一点点东西我们都如此感谢，为什么宇宙本源之力给了我们一切，我们却没有感到高兴呢？不得不说，我们获得了如此多的恩赐却没有感激之情，这就表明我们忽视了人类是通过宇宙本源之力的作用才得以生存的本质。

那么，我们为什么对天地的恩赐感受不到喜悦呢？那是因为这种恩赐既看不见也摸不着，没有品尝到获得感。然而，就算我们收到一个微不足道的小物品也会因体会到获得感而心生喜悦。没有品尝到这种喜悦自然也就谈不到致谢了。

比如，如果有人在暗中给了我们很大的帮助，但我们毫不知情，也就不会想到向谁道谢了。但由于某种机缘知道了别人对自己的帮助，那么一定会对伸手相助的人感恩戴德。同理，天地已经赐予了人类无尽的恩惠，由于这个恩惠太广太大，我们很难体会到获得感，完全不觉得享受到了这种恩惠，以为一切都是理所当然的，并不是谁特别赋了自己的，自然也就没有了感谢之情。

冷静下来思考，我们实际上得到了无尽的恩赐，也正是依靠这种无尽的恩惠生存的。倘若清楚地认识到这一点，我们内心就能产生强烈的感激之情并对此表示深深的谢意。于是，我们身上就会充满无穷的力量,做任何事情都能坚持下去。

任何人,一旦有欣喜之事就会消除邪恶之念,因为人在高兴的时候,决不会产生恶念。而内心的纯粹,会产生强大的动力,让人做事更加努力,更加不甘示弱。

由此可见,人从点滴喜悦中都能收获非常大的勇气。所以,我们如果能意识到天地无穷的恩惠,就会产生喜悦之情和深沉的感激之意,于是就会生出无穷无尽的力量。这是人类生活的根基,也是人作为人生存的喜悦。有了这份喜悦和感谢之情,人就会源源不断地涌现出创造的智慧,在每天的生活中更加勤奋地工作。

不仅仅是意识到天地的恩泽并对此表示感谢,还必须从感恩之心中迸发出强大的工作热情——这是走向正确信仰的第四个关键点。

心存正确的信仰

从以上阐述中可以看出,为了能够拥有正确的信仰,先要清醒地认识到天地已经给予了我们无穷无尽的恩赐,而且还应该认识到这种恩赐是无心的、不偏不倚的,是平等地降临到每个人身上的。进而言之,给予我们的这种恩赐是物质和精神两方面的,我们不能偏向任何一方,必须以素直之心虔诚地接受物质和精神两方面的恩赐,并对此产生喜悦之情和感恩之心,不断地产生旺盛的工作热情。这就是正确的信仰之道,也是我对信仰的见解。

信仰的理想状态（二）

　　天地恩赐无阻无挡，普照人类，无尽无限，无念无心。

　　天地恩赐源于宇宙。宇宙催生万物，成就人类。人类要感知到博大恢宏的宇宙，对此满怀喜悦并深深感恩，再献上虔诚的祈祷和顺应之心，这才是信仰的本来表现。

　　当我们有了这种信仰，宇宙就会发挥作用，人类推动发明创造的聪明才智就能不断涌现，进而激发强大的工作热情，开拓出一条通往繁荣的道路。

为何再次谈起信仰问题

承接前一段内容，继续谈一谈信仰的理想状态问题。

再次提及信仰的理想状态问题是因为信仰是人类生活的基础，也是走向繁荣的基础。也就是说，怀着信仰生活，就相当于牢牢地抓住生活的基础，失去了信仰，人就不可能走上正确的道路。

的确，看一看我们每天的生活，一不小心，就变得如同在波浪中飘摇的树叶，没有目标，只是被迫一味地漂浮着，生活毫无意义。因此，为了在这变幻莫测的人生中不受羁绊，不迷失方向，专心走上人生的正确道路，就需要我们正确地把握人的本质，培养正确的人生观，树立牢固的信念，确立有意义和价值的人生。

信仰一旦以错误的形式深入人心，人就会陷入迷信之中，从而歪曲人的本质，错误地认识宇宙真相。结果，信仰不仅不会产生推动发明创造的力量，反而会阻碍实现繁荣的进程。

因此，要实现彼此的繁荣、和平和幸福，就应先讨论信仰的理想状态这一最基本的问题，力图避免迷信，获得正确的信仰。这就是我再次提及信仰问题的缘由。

天地恩赐的根源

前面谈到天地的恩赐完全是一种无心的行为，它普照着我们人类。不分善恶，不论贤愚，对所有的人都是平等的，其恩赐无限地惠及所有人。其深度和广度是我们人类渺小智慧无法探知的，只能认为天地是完全无心的。

那么，这种恩赐真的是无心的吗？没有任何意义吗？没有任何意志，只是光芒普照人类而已吗？回答是否定的。天地恩赐的根源，是使万物能够生长、使人类得以生存的宇宙意志在不断发挥作用。

人在宇宙中生存

天地的恩赐从人类渺小的智慧才情来看，既是宽广的，又是无心的。这种恩赐体现了宇宙的伟大意志，也就是说宇宙本源之力使万物得以生长，使人类得以生存。换句话说，宇宙本源之力给予万物生长和人类生存的恩赐是有限度的，绝不是无心的。

冷静地思考就会发现，正是因为能让万物生长的宇宙意志发挥了作用，我们才得以生存。人往往认为依靠自食其力就能够生存，但事实并非如此。正是因为催生万物的宇宙意志发挥作用，我们人类才得以生存。

一般而言，人只依靠自身的力量是无法生存的。正是因为受到许多人的直接或间接的帮助，我们才能从婴儿到幼儿，从幼儿到青年，逐渐走向成熟。因此，应该感谢社会，应该回报帮助自己的人，这是作为人的一种义务。倘若进一步深入思考，就会发现人得益于来自天地的有形或无形的恩赐，才不断地生成发展。天地恩赐的基础是宇宙无限的慈爱，或者称之为慈悲，总之是一种温暖的宇宙意志。如果领会了宇宙的意志，就不会有不平或是不满的情绪，而会充满喜悦地过好每一天。而且，不平与不满的情绪绝不应该是针对天地的恩赐，而应该是针对不够努力的人。因为这些人没有充分利用天地的恩赐。

总而言之，真诚地领悟使人类得以生存的宇宙意志，并对此深怀感恩之心和喜悦之情，再献上一份深深的祈祷和顺应之心，这才是信仰的理想状态。

充满喜悦地工作

我们只有秉持正确的信仰之时，才会真正地无忧无虑，才能够心安理得。就如同朦胧的镜子被擦干净一样，宇宙的一切真相都跃然纸上，映在心中，宇宙的意志直接和自己的思想相连，就会不断迸发出闪光的思想。那么发明创造的才能随时随地都能涌现出来。

领悟宇宙的意志，就可以从中掌握发明创造的才智，然后在喜悦和欢快中开展相关的工作。这恰如打棒球的时候，观众看选手汗流浃背满身泥土，觉得非常疼痛。但选手乐在其中，丝毫不觉痛苦。因此，在凭借才智工作的时候是毫无痛苦的。当人感受不到宇宙意志的时候，工作就非常痛苦，觉得是一种难以忍受的义务。一旦幡然醒悟，所有的付出都会充满喜悦，其欢喜程度有如泉涌无法抑制，也正是在这种愉快的状态下人才能不断进步。这样的工作是踏上繁荣之路的工作,是创造繁荣的工作。

所以,我们坚持的信仰必须是能创造繁荣的正确信仰,这是实现繁荣、和平和幸福的第一步。

礼与修养教育

要传授礼，修养教育是非常重要的。不仅家庭和学校，社会也应该对其抱有强烈的关心。

真正的修养教育是开启天赋，使人实现幸福。教育不能拘于形式，死板僵化。

礼是道德的根基。品德培养是修养教育的任务。当每个人都有良好的修为，生活充满活力的时候，宜居的社会也就建立起来了。

先从成人的修养教育开始

在"礼的本义"一节中谈到作为人应该遵守的三种礼,仅仅了解还不够,还需要学习礼的本义,在实际中掌握并践行。这种学习的情形可以称为修养教育。自古以来有"知行合一"的说法,为了"知"就需要进行研究,而对于"行"来说,修养教育是非常重要的。

一谈到修养教育,人们脑海中立即浮现出教育孩子的情形。这是理所当然的,但是不是真的只考虑孩子的教育就可以了呢?其实在考虑教育孩子之前,倒是应该先让大人接受修养教育。贝原益轩认为:"父母柔弱而溺爱其子,其子骄而辱父母。言不慎,礼不端,性乖僻,行不严,此乃背道也。父者,应显其威令其惧,若有礼而为范,子者方慎其行,正其礼,尽孝道,故父子相和之。子贤不肖者,多为父母之意所致也。""子贤不肖者,多为父母之意所致"这句话对于现在的我们来说,其言有些刺耳,但也深切地感受到教育孩子之前应该先教育成人。

人类的幸福是修养教育的目的

原本这里所说的"修养教育(躾①)"一词,是日本独有

---

① 躾,日语汉字,日语读音为"しつけ"(situke),为教育、教养、教化、管教之意。本书多个章节出现此词,与"教育"区分使用,译文根据书中所论,译作"修养教育"。——译者注

的，汉语中是没有的，因而可以说是日本独特的一种生活方式。古代从武士、工匠到商人、学校、公司，均有严格的修养教育，并通过这种教育来培养人。因此，在传承武士道、商道、校风和企业文化的基础上自然也就确立了一种社会秩序。不仅如此，在一般的家庭中也都遵从一家之主的价值观，从而制定各自的家训，按其家训进行修养教育。如此，父传子子传孙，各自的家风代代相传。当然这种做法引来很多批判，或被视为封建残余，或被视为形式主义。但是不论是封建的或是形式的，总之是因为已经失去了修养教育的本义，失去了修养教育依据的理念，所以招致了批判。其中最典型的就是军队。失去了精神的修养教育，徒留的刻板僵化的形式导致了人性扭曲，使人陷入悲惨的境地。看一看日本旧军队的末路便可知晓。

这种现象并不只限于军队，众所周知，在我们的日常生活中，因所谓的家风与家风的冲突，给婚姻生活带来极大的障碍。这一切都是失去精神的、刻板的修养教育所致。修养教育原本不是这样的，它的目的应该是让人获得真正的幸福。为了每个人都能发现自己的天分并使这种天分得到发挥，必须进行修养教育。

在自由空间中成长

在美国，孩子的修养教育是非常严格的，在成人之前都要进行非常严格的修养教育。比如孩子摔倒，父母从来不扶，不管怎样哭都一直等他自己起来。这种修养教育，自然会培养出独立精神，养成不依靠别人，自己为自己开辟道路的思想。孩子一旦长大成人，就无须干涉，可以完全让孩子自己判断是非，自由行动。因为他们已经形成了自己判断是非的能力，即便让其自由地行动也甚少出差错。

在成人之前进行严格的修养教育，在成人之后令其自由行动，这是一种真正恰当的做法。当然说到严格教育并非像日本父母那样非打则骂，这样做孩子会畏缩不前，扭曲了原本的人性。真正的修养教育不应是这样的，而是应充分发挥孩子的天分，让他们认识到自己原本被赋予的生命力。因此修养教育原本就不是死板教条的，而应该在自由中展开。

孩子非常纯真，一尘不染，他们像镜子一样明净，所以必须确保他们的天性不会遭到扭曲。注重形式、刻意教条的教育死板僵化，会遭到反抗。在这方面，古有中山昌礼一语中的："今之时，观教师者，皆使弟子以己为范，不育其所长。因皆使人如己，未见拔师之才现尔。此恰如育花种草，矫木且弯枝进而摘其叶，成原草木无有之形，见之肃然壮观，然其意非育草木也。教人之道亦如此，依己所好设条律，凭己所能授之于人并调教之。如此施教者，其下未见人才辈出也。"这些真知灼见，对我们实施修养教育提供了诸多启示。

修养教育是支撑

前不久，有人提出修养教育是违背人性的，建议废除。这类人实际上对修养教育并没有形成正确的认识。如前所述，真正的修养教育是发挥人性而不是扭曲人性的。要培育苗木就需要支撑，要使其茁壮成长也需要支撑，不然仅靠自己的能力是无法站立的。如果置之不理任其在风雨中飘摇，最后便会长成形状扭曲之态。然而，一旦此后足以依靠自身的力量生长，就自然不再需要支撑了。

修养教育好比支撑，支撑不是用来防止苗木变形，而是为助其成长而用。我们要正确认识修养教育的本义。这样看来，修养教育绝非违背人性，反倒是保护人性的。

我们在知晓礼的本义的同时，为掌握礼必须开展正确的修养教育。在"礼的本义"一节中我谈到礼是道德的根基，可以说修养教育是培养道德的方式。

有着良好的修养教育的家庭就能培养出有作为的孩子。没误解修养教育，开展正确的修养教育的学校能培养出优秀的人才。对员工有序地展开修养教育的公司就会制造出优良的产品。

战后，我们一时将修养教育抛到了一边，这里我希望能够再次反思，对修养教育形成正确的认识。当然不止是家庭和学校，希望整个社会都要掀起实施修养教育的风潮。这样一来，才能踏实地践行礼的本义，才能创造出身心富有的繁荣社会。

烦恼的本质

人在现实生活中总是不断地抱有某种烦恼,而且一种烦恼尚未解决,另一种烦恼便接踵而至,常常苦不堪言。

人本来是不能有烦恼的,是因为从本质上已经被赋予了无限的繁荣、和平和幸福。

怀抱一颗素直之心,感知人的本性,这样烦恼会转变成实现进步的试金石,由此打开通向幸福之路。

人生的趣味

我们的日常生活总是被各种烦恼包围，往往是一种烦恼悬而未决，另一种烦恼接踵而至。由此让人想起一句话：人生就是连绵不绝的烦恼。

正因为有烦恼才有人生的乐趣。可以说没有烦恼的人生反而枯燥寡味。从古至今，无数的故事、小说、戏剧以及电影，都以不同的形式在解决烦恼问题。正因为如此，人们才为这些故事和戏剧而伤心落泪、眉开眼笑，或是感动不止。如果将这些烦恼视为人生的一种乐趣，每个人都充分地咀嚼其滋味，体察其意义，烦恼就并非不幸。

然而事与愿违，烦恼总是让人心情变得黯然。人又总是焦急地想办法消除烦恼。但越焦虑越走入绝境，往往导致接二连三地遭遇不幸之事。比如经商失败负债累累，非常痛苦。焦虑至极想方设法地重整旗鼓努力东山再起，四处筹措，然而带着这种焦虑之心自然不会找到理想的出路，收效甚微。债台愈加高筑，有时甚至会想不开产生自杀了之的念头。

这就是社会现实。因此，人们自然希望找到一种解决烦恼的途径，发现克服困难的方法。有人认为，烦恼是为了提高人类自身能力的、由上天赋予的宝贵的试金石，因此不应该回避烦恼，应该主动面对。要找到应对人生中此起彼伏的烦恼的措施就应该从各个角度思考和学习。

人生本来不应该有烦恼

我认为这句话千真万确且非常有意义。在这里,我想进一步深入思考一个问题:不谈处理烦恼的具体思维方式,而是探讨烦恼在本质上究竟是不是上天赋予人类的。现实中的确存在烦恼,正因为如此我们才思考应对烦恼的途径。但是我想探讨的是烦恼本质上是否存在的问题。没有的东西,实际上是可以制造出来的。虽然从本质上来说是不存在的,我们却可以出人意料地制造出来,不是吗?如果这样,应对烦恼的途径应该就是因人而异的。

关于人在本质上是否被赋予了烦恼的问题有各种不同的观点,但在这里我主张人本来不该有烦恼。人在本质上是没有被赋予烦恼的,而且在实现繁荣、和平和幸福的层面上,我认为这个观点是正确的。

为什么说这种观点是正确的?我在"繁荣的根基"一节中谈到,宇宙本源之力给予人类无限的繁荣、和平和幸福,就是人是在本质层面上已经获得了它们。烦恼是会妨碍繁荣、扰乱和平、违背幸福的。既然人在本质上已经获得了繁荣、和平和幸福,那么为什么还存在烦恼呢?我断定人在本来的生命中不存在什么烦恼。

本来烦恼是不存在的和现实中存在烦恼是两个不同的概念。这如同汽车本来没有故障和实际使用中存在故障一样,这本来就是两个问题。汽车按设计制造,如果使用方法得当,在一定年限内是不会发生故障的。这是因为在制造时就避免了产生故障。然而，在实际使用时经常出毛病。虽说出了故障，但不能过早下结论认为一定是汽车原本就存在故障。

如果认为汽车本来就是有故障的，就只会应急性地修理发生的故障，难以触及本质而进行根本性的改造。与此相对，坚信汽车本来就是不存在故障的，是在制造的时候就避免了故障的，这样想，就能够推进人们进一步思考：本来没有故障的汽车为什么会产生故障？最终就会弄清是制造问题还是使用方法的问题。再对这一点进行根本性的改良，使故障越来越少。

同样，人是否有烦恼的问题也是如此。现实中人们有无尽的烦恼，因为烦恼摆在现实面前，就断定人本来就有烦恼，这和断定汽车本来就有故障如出一辙，是非常错误的。如果断定人本来就有烦恼，人最终是无法摆脱烦恼的。不仅如此，还会认为有烦恼才是正确的，不烦恼反而是错误的，甚至是一种罪恶。如此这般，一旦出现烦恼，也只是应急性地处理当时产生的烦恼，达不到研究根本解决问题对策的地步。

如果坚信人本来就不存在烦恼，那为什么人还会产生烦恼呢？本来没有却为何又出现烦恼？让我们带着这些疑问一步一步探讨解决问题之策。

人制造出来的烦恼

我们刚才谈到人本来就没有烦恼，没有烦恼是人的本质。我希望大家都要认清这一点：人已经被赋予了无限的繁荣、和平和幸福,人是不存在烦恼的。

那么为何人本来没有烦恼,但现实生活中却存在烦恼?这是接下来的问题。关于这个问题,更具体的讨论我打算留到以后,在这里,我只想表明一个基本态度,那就是人本来是没有烦恼的。而且我也希望所有的人都要有这种认识。

为此,我们彼此都要有一颗素直之心,去看清人的本质。只有以素直之心去认识人的本质,认识人类被赋予的生命力,领会人本来没有烦恼的内涵,并对此抱有强烈的信念,这样才能逐渐消除烦恼。本来不存在烦恼,现实中的烦恼是人制造出来的。既然是人制造出来的,那么其原因在于人。倘若抱着素直之心抓住人的本质,其原因就会逐渐明朗,就能够逐步改善烦恼的根源。

我再次强调一下,人的本质没有烦恼和感知人的心理活动之喜怒哀乐不能相提并论。换言之,人存在心理活动能感知喜怒哀乐,这种心理活动是上天赐予的。认识到人的本质没有烦恼,并不是否认心理活动的存在,而且人的心理活动是不能消除的。

我想再补充一点,当我们没有认识到人本来没有烦恼的时候,发怒、悲哀这些心理活动就直接变成烦恼的原因,并给人带来痛苦;当我们认识到人本来没有烦恼的时候,不论如何发怒,如何悲伤,这种感觉都会立即被打消,从而不造成丝毫心理负担,也就是说不会成为烦恼。即使发怒了也会立即恢复正常,悲伤也迅速恢复平静。

如何实现繁荣、和平和幸福是我研究的课题。为实现这一愿望，必须从各个方面对各类问题进行根本的研究。本节探讨了烦恼是否存在的问题，我认为烦恼本来并不存在。我希望大家都报以一颗素直之心，认清人的本质，于是就能改革旧有之社会常识，开辟出一条通往繁荣、和平和幸福之路。

健康的原理

人原本都是健康的,身患疾病是背离了自然法理而引起的。

保持健康的方法因人而异,倘若按照各自被赋予的秉性恪守生活之道,身体柔弱的人也自有其道,依然可以享受健康生活。

我们应该努力探究自然法则,生活要依自己的状况而定。由此既能保持健康又能开辟繁荣之路。

疾病不合理，健康才是常态

要实现人生的目标，最基本的条件就是健康。这正如要吃食物需要牙一样，为了实现人生的目标就需要健康。健康不是人生的目标，是最重要的基本条件。

当然，话虽如此，并不是说生来身体残疾的人或得了不治之症卧病在床的人就没有人生的目标。相反，这些人中涌现出了一批具有卓越精神的人，他们吃苦耐劳、逆流而上。有许多人完成了连健康的人都无法完成的伟大工作。我们对这些人从内心敬仰不已。这些人找到了一条自己的生存之路并孜孜以求。面对这种生活状态，拥有健康的人却碌碌无为就成为一种罪恶。

话又说回来，常言道"人之身体乃百病之巢"，可以说每个人的身体或多或少都有某种缺陷或毛病。进出医院的人络绎不绝，药品广告接连不断。有人的地方就会需要医生，不能缺少药品。我们常常会陷入这样的错觉：健康之人的存在是一种奇迹，患有某种疾病才是人类的常态。"您的胃也不好吗？其实我的胃也不好啊！"人们常常会在聊天中自然地、无意识地说出这样的话。

实际上，疾病在任何场合都是不正常的，对于人类来说健康才是常态。换言之，人本来就是健康的。禅所说的"本来面目"指的是人的肉体原本就是健康的。只要人遵循自然法则生活的话，就能够保持健康。比如一辆汽车，机械精良，发动机状况良好，车体完好，汽油充足，不论什么时候都能顺利启动。

但若是在实际驾驶时，硬是一个劲儿地在高速公路上狂飙，或脱离道路冲向原野狂奔不止，不论多么优质的汽车，最终都会出现问题。保持健康与此同理，人生而健康，只要人遵循自然法则生活，便能一生都平安喜乐。

先天的体质强弱

刚才反复说到健康。其实身体健康和体质强并非一回事，身体健康未必意味着体质强。既有体质强又身体健康的人，也有体质弱却一生健康的人。一个人体质弱却又身体健康，这意味着什么？这说明每个人生来体质的强弱便不同，采用适合自己体质的生活方式即可。人本来就是健康的，就算达到了健康的所有必要条件，但就像我之前说的那样，也绝不意味着体质强。体质的强弱是因人而异的。就好比每个人的智力都不同一样。既有天生聪明的人，也有天生愚钝的人。但聪明归聪明，愚钝归愚钝，每个人都能发挥出与其天分相符的作用。人的体质也一样，既有生而强者，也有生而弱者。在追求健康这一点上，必须先熟知自己的体质。现在假如将其命名为先天体质强弱度，那么我们应该对其有一定的认知，并采取与自己体质强弱相适应的保健方式，必须顺应自己的先天体质。一旦明白这个道理，后天该采取的强弱程度和锻炼先天资质的方法自然就明确了。因此，认为体质弱就是不健康这样的观点是错的。

总之，保持健康的要诀就是深刻意识到自己先天体质的强弱，保持一种顺应的生活态度。这是对人来说最健康的生活。

身置自然法理

一旦生病，谁都会痛苦。任何人都认为只要能治好病，能解除病痛，金钱和名誉都在所不惜。这才有临时抱佛脚之说，怀着抓住救命稻草的心绪，到处求神拜佛不断祈祷。

一心一意、没有任何杂念的心情，这实在是值得尊敬。但是神佛绝不会亲自伸出援手将你从病痛之中解救出来。神只是给予自然法理，遵从自然之法就会自然保持健康，此后就全凭人的生活态度。也就是说，神赐予根本之理法，源源不断地给人类注入恩赐。从这个意义上讲，人生病时，就需要再次遵从以前根本不在意的大自然的恩赐，并怀抱一颗感恩之心，才是人的可敬之举。但与其这样做，倒不如在日常生活中敬仰作为生命之源的大自然，认识其和自身的内在联系，怀抱感恩之心。这才是最重要的。所以，从平时的日常生活开始，知自然之法理，感恩身在自然，就能保持健康，少生疾病。

毋庸置疑，人的肉体和精神是不可分割的，肉体对精神的影响越大，精神对肉体的影响也越大。身体一旦某个部位出了问题，精神便紧张、不安甚至感到恐慌，无法发挥自己的聪明才智。这种不安会进一步对肉体产生恶劣的影响。因此，在追求保持肉体健康的同时，必须讲究精神安定。

人应该常常抱有心平气和之态。但就算如此，倘若身居空气污染之地，或是过度劳动，还是会损害健康。所以还需要遵从自然之法理，采取适合自己体质强弱的保健方式。换句话说，依自然之法理，力争在身体和精神层面都保持健康。

在每个人都对此保持关心的基础上，社会机构和制度必须得到改革。换句话说，如果按自然之法理制定政治和经济的政策，所有的人都会自然而然地从损害健康的社会环境中获救，就能够获得明朗且悠然自得的工作状态。

健康，虽不是人生的目标，但它是实现繁荣、和平和幸福不可缺少的基本条件。它具有左右人们幸福的巨大能量，我们都要进行充分的反思，遵从自然之法，采取适合自己体质的生活态度。不论是体质强的人，还是体质弱的人，希望每个人都能发挥出与其天分相符的作用。

第四章　社　会

繁荣的社会

每个人通过充分利用自然所赋予的生命力,就能实现身心富有的繁荣社会。

繁荣包含物质和精神两方面,既不偏向物质,亦非倚向精神,才是真正的繁荣。这才是人类幸福的状态。

不存在个体的繁荣,繁荣关系到所有人,应该构建彼此充分发挥各自生命力的自由社会。

新生活中的不安

正值昭和二十年的夏季,旷日持久的战争结束,终于可以松口气了。但好景不长,接踵而来的便是严重的物资短缺。生活物资极端不足导致生活陷入非常困难的境地。面对这种困难,不论是国民或是政府,都尽可能试图扩大生产。人们普遍认为:陷入这种生活窘境是因为物资短缺,只要不断地进行生产制造,就会消除这种苦痛,就能够过上富裕的生活。所以便一味地大踏步地向增产迈进。结果,食品和一般的生活物资逐渐进入市场,价格也越来越便宜,甚至低于市场法定价格。换句话说,在物质方面,可以认为已经越来越富裕。

然而,也产生了消极的影响:农民、商人以及中小企业陷入严重的不景气状态。物资进入市场但销售不畅,引起了所谓的银根吃紧的现象。也就是说,物资短缺问题解决了,接着又出现资金吃紧现象。随着这种情况的加剧,又出现了一大批失业者,他们找不到理想的工作,发生了工人闯入府厅[①]或市政府的事件,甚至波及了政治。这不仅仅是经济方面的问题,而且在政治方面亦出现不安定的局面。

总而言之,物质虽渐渐丰富,但人们绝没有获得幸福。相反,引起的社会不安,反而加重了生活的困难。如果是物质匮乏倒也罢了,物质丰富了反而损害了实现繁荣,这岂不是矛盾!

[①] 府,日本地方政府机关之一。日本有两府,一是大阪府,一是京都府。府厅是处理府政事务的机关。——译者注

那为何会引起这样的矛盾呢？一定是在某个环节出现了缺陷，或是在社会制度方面，或是在一般常识等一些关键的地方出了错。以往经济学也做过诸多研究，有结果表明，经济的景气与不景气在某种程度上是一种非人力可控的现象，还表明为了消解它必须进行社会变革。这或许也是一种观点，我以为应该谋求生产和消费之间的协调。以往，只顾考虑生产，消费的方法研究得还不够充分，且有时缺乏生产与消费综合协调的理念，二者失去平衡才产生不景气现象。关于这一点，将在后面"生产与消费"中详述。

繁荣的意义

我们进一步深入思考，就会发现产生这种矛盾恐怕是因为人们对繁荣的理解有误，也就是没有正确把握繁荣的意义。关于这一点，下面稍做阐述。

谈到繁荣，或许总让人感到是给予物质上的影响，单单指物质的富足。然而，我指的繁荣不仅是物质的丰富，还包括精神上的富足，也就是意味着身心都是富足的。换言之，就是物质与精神一体化的繁荣。真正的富有必须二者兼得，偏向任何一方，必然会使人陷入不幸。比如，一旦仅把物质上的富足放在首位，那么物质将成为焦点，就有可能引起争端，产生争吵，发生战争。更多的现实情况是，物质丰富了，反而使人陷入了困境。因此，只是物质的丰富，绝对谈不上是繁荣。物质必须成为人们生活的血、肉和力量，之后，过上物质与精神相协调的生活。这才是我说的繁荣的含义。

个体的觉醒

那么,所谓繁荣的社会,究竟是一种怎样的社会?用一句话来概括就是:由创造繁荣生活的人们建立的社会。也就是说,身处繁荣社会的人们都是身心富足的,其社会由这些身心富足的人们构建而成。因此,要创造一个繁荣的社会,社会中的每个成员必须掌握实现身心富足的途径,即理解真正意义上的繁荣的原理,并掌握这些原理的本质,将其在生活中践行。

若说要对什么有清醒的认识,那就是每个人都要认识赋予自己的生命力(天分)。人有人的生命力,马有马的生命力,梅花有梅花的生命力,樱花有樱花的生命力。这种生命力既不是人赋予的,也不是马自身创造的,而是由创造万物、支配万物的宇宙本源之力给予的。因此,依靠人的力量是无法改变的,人到任何地方都是人,不可能将马变成牛。万物只要在各自所赋予的生命力中本分地生活就会产生最符合自身的生存方式。

比如,之所以梅花争艳盛开,樱花美丽绽放,是因为樱花和梅花没有任何自我,不加入任何自我意识。顺应自然,也就是带着所给予的生命力,到了春天,含苞待放,随后怒放盛开,经几许时光彻底凋谢。这并非樱花自身有强烈的意识,而是依靠所予的生命力顺应自然而动的表现。也因此,樱花才能绽放出美丽的花朵。

在生命力中素直地生存

我认为人应该顺应自然素直地生活。虽为人，但并非有特别的生存之路。人就是人，应该在所赋予的生命力中素直地生活。这种生活方式就是繁荣，身心富足便源于此。我在"繁荣的根基"一节中讲道："真理赐予人类无尽的繁荣、和平和幸福。"如果顺其自然地发挥各自被赋予的生命力，繁荣、和平和幸福就能自然而然地来到。"赐予人类"指的就是通过生命力来赋予人的。

但这些在现实中没有实现，是为什么？那是我们每个人或固执己见，或困于智慧，或陷入明辨是非之惑所致。人和其他动植物不同，人有智慧和理性。这本来就是为了正确认识人的生命力，并进行有效利用才获得的。实际上，更多的情况是，因为人们误用了智慧，欠缺了顺应的姿态，这样反而阻碍了素直地发现生命力。

以往，不论是社会一般常识，或是教育，都不太关注如何素直地发挥生命力。人们普遍认为按照自己的意愿任性而为就可获得成功，生存竞争和优胜劣汰是社会的常态。由于这些观点变成了社会的普遍常识，才出现了如前所述的物质剩余、生活陷入不安和贫困的局面。这样也就无法迸发出正确合理利用物质的智慧。

如果正确认识生命力，素直地发挥生命力的作用，就会产生富足的精神，也会迸发出合理利用物质的智慧。如此一来，物质越多，精神越富足，也就实现了物质和精神如一的繁荣局面。

不存在个体的繁荣

由此看来，是不是每个人各自顺应自然，素直地利用被赋予的生命力就可以了呢？绝非如此。

生命力因人而异，倘若仔细观之，人与人皆有差异。正因如此，每个人才会产生不同的个性，有不同的进步方法。然而，这些生命力都不是各据一方，同样来源于宇宙本源之力，生命力连接着所有人。因此，大家必须充分有效地发挥各自的生命力，也就是说，不允许单独的个体的繁荣。所谓繁荣，必须和他者建立联系。简言之，想实现自己的繁荣，一定要考虑他人的繁荣。如果不能保持整个社会的良好发展，自己的繁荣亦岌岌可危。即使在某种时机下出现了只考虑个人繁荣的现象，但因为这在根本上是错的，所以很快就会消失。这和有大量金钱一样，此虽是幸事，但因为总担心被盗，所以彻夜难眠。腰缠万贯却夜不能寐，原因是财富为自己独自拥有，导致内心出现不安和恐惧，精神陷入窘境。

故此，如果希望自己过上繁荣的生活，就必须让其他人一起繁荣。整个社会之繁荣，人人有其责，自己在身体力行的同时要对那些未尽其责之人进行呼吁，要求其深谙此理。由是观之，互相建立联系，人生存，己亦生存，并且以实现繁荣为目标不断努力。此乃真正之民主主义。

总之，人类生活是集体生活。在这个社会，个人的繁荣生活是无法实现的。就算一时实现了个人的繁荣，最终也会逐渐走向衰败。所以，个人要采取有效发挥生命力的态度，必须努力让这种生活态度影响更多的人，进而改善整个社会。也就是说，必须把着眼点放在与整体俱荣之上，顺应自然地有效发挥每个人的生命力，努力创造能有效发挥生命力的自由的社会制度。身心富足、物质与精神如一的繁荣生活，就体现在这种态度之中。

综上所述，繁荣社会必须是所有人的生命力都能有效发挥的社会。换言之，一定是每个人的天分均得到自由充分合理发挥的社会。希望每个人都为实现这样的社会而努力。

国家与世界

国家的目的在于让一定区域的一个民族或几个民族团结越来，实现这些民族的繁荣、和平和幸福，促进人类文化的发展。

国家要实现这一目的，必须建立一定的国家秩序，在此基础上谋求物质文化和精神文化的协调发展。

国家秩序是世界秩序的一部分，世界秩序必须源于宇宙秩序，国家之间和睦相处，通力合作并维持这种世界秩序的时候，人类就能进步与发展。

国家的使命与目的

自人类诞生以来,祈求繁荣、和平和幸福之心就从未改变过,并且人人都希望这个愿望能够实现。即便是原始蒙昧时代之人,也都在祈繁荣、望和平、求幸福。

为了实现这个愿望,我们人类的祖先先建立了家族这一共同生活的方式。通俗地解释,比起独自一个人生活,男女分工、各司其职的生活更方便。男性外出狩猎、采集;女性居家育儿、烧饭。其间,孩子出生,人口增加,家族亦随之壮大,小孩还能帮助父母做家务,因此家族构成的共同生活更加充实。

如此这般,家族生活进一步扩大,到处出现同样的家族和团体,这时将某个地区的几个家族聚在一起,建立一个更大的集体生活群体,即形成村落。究其原因,单靠个体家族,预防外敌或野兽之袭,力量委实薄弱,且不利于狩猎与农耕。因此就要建立一个以家族为单位的生活集团,即村落。彼此间相互协作,营造繁荣的生活。

可是,在以家族为单位的集体生活中,为维护共同利益,统领全局,就需要建立一种秩序,需要一位维护秩序的统领者——酋长。于是,在人类生活中,就产生了家族以外的集体生活秩序和统管秩序的人。

人类集体生活就这样诞生了,并且随着时间的推移逐步扩大。进而言之,随着人类智慧的发展,为了彼此的繁荣、和平和幸福更加充实,不断地扩大生活集团的规模,进而由乡村发展成城镇。同时，也需建立新的秩序，依然需要维护新秩序的统领者。人类的集体生活就这样渐趋复杂、日趋完备，并逐渐扩大、逐步健全，最终，一个民族或数个民族演变为一个大的集体，这就是今天我们看到的国家。

当我们追寻这些国家的历史发展轨迹的时候，会发现国家这种生活集体的产生，最终是为了人的繁荣、和平和幸福。国家的目的在于为国民求繁荣、谋和平、实现幸福。简而言之，国家是国民实现繁荣的手段，国家的使命在于让国民获得繁荣。上述国家成立的历史，不折不扣地契合了给予人们无限繁荣、和平和幸福这一大原则。换言之，人的本质在于获得无限繁荣、和平和幸福，国家成立的历史又可谓一部逐渐发挥人的本质的历史。因此，不论是按人类历史，或是按人的本质来思考，国家最终都是人类实现繁荣的手段。每个民族都承担着使国民实现繁荣、和平和幸福的使命。

从城市到国家，从国家到世界

刚才谈到，既然建立起集体生活，就必须考虑和维护全体的共同利益。从这一点上来说，集体需要集体秩序，国家需要国家秩序。但凡秩序，都是需要有一个维护其存在的核心的。就国家而言，这个核心就是维护国家秩序的政体。

因此，根据各个国家不同的发展历史自然会产生不同的政治制度，或是君主制，或是民主制，君主或总统便成为该国秩序的核心。当然，无论君主制，还是民主制，都因该国历史不同而制度各异，但只要对其民族和国家的繁荣有促进作用，就都是有意义的。因此，根据其制度，作为该国秩序核心的君主或总统，遵循国家目的的要求，为了实现每个国民所希求的繁荣、和平和幸福，必须忠于职守，维护国家秩序，正确地统领秩序。这既是位于国家秩序核心的统治者的任务，也是其地位尊贵之所在。

综上所述，我们谈到了国家的建立，国家目的和国家秩序的核心。接下来，我们从全世界这个整体来看，就会发现国家也只是世界的一部分，是世界的一个单位。也就是说，有如家庭是国家的一个单位一样，国家也是世界的一个单位。以往国家是最大的生活集体，无须考虑其还是世界这个大集团中的一个单位。但随着文化的进步，国家相互间的利害关系越来越密切，今天需要考虑将国家视为世界中的一个单位，将世界视为一个庞大的生活集体，需要考虑国家在世界集团中应有的形态。国家与整个世界关系密切，无视国家和世界的关系的话，说明对国家的形态尚没有形成正确的理解。

世界已然成为一个以国家为单位的集体生活体，理所当然地需要建立一套世界秩序。正如国家需要国家秩序，世界也必须形成世界秩序。

由此可见，集体生活不断发展壮大，从宇宙生成发展原理来看，是有其必然性的。集体生活从家族到村落，从村落到城市，从城市到国家，一路发展过来，按着生成发展的原理，不久将从国家扩展到世界。

人的集体生活一经扩展到全世界，为维护整个世界的共同利益，必须建立一种世界秩序。而且每个国家都是该世界秩序的一个单位，要服从这个世界秩序，不再允许任何一个国家贸然采取行动。如果个别国家无视世界秩序，为所欲为，贸然行动，将阻碍整个人类实现繁荣，也就违背了自然之理。

为了遵循自然之理实现人类的繁荣、和平和幸福，集体生活的单位需要不断地扩大。在扩大的同时，其中的每一个单位都必须服从这个秩序。这个发展过程，既符合生成发展的原理，也符合人类的本质。

因此，现在一旦有国家打乱世界秩序，那它就成了违背自然之理的国家，一个忽视人类本质的国家。

所以，为了实现人类的繁荣、和平和幸福，大家必须共同努力，正确认识并积极遵守世界秩序。

世界秩序源于宇宙秩序

按照这一方式思考就会发现，建立世界秩序是发自人类本质的自然要求，换句话说，是源于赐予人类这种本质的大自然的意志。因此，只要是大自然的意志，世界秩序在不久的将来，就一定能够实现。又因为是一种大自然的意志，所以所有的国家必须服从。

大自然的意志就等于真理，所以世界秩序必须是源于大自然的意志，必须是根植于真理的。总而言之，世界秩序的根本在于人类的本质，在于大自然的意志，进而在于真理。

那么这种世界秩序该如何建立？或者说世界秩序的形成原

理是什么？这是一个重大问题。如果考虑到上述世界秩序的根本，它绝不能是一种基于人类渺小的智慧才情的主观意志。世界秩序不能根据人类的主观意志来构建，必须根据宇宙秩序来建立。

因此，我们人类在建立社会秩序时必须具备这样的思想准备：在发挥我们渺小的聪明才智之前，先要正确地认识宇宙秩序也就是自然之理，并且怀有正确遵守宇宙秩序的心理准备。通俗地说，必须明晰大自然的意志或者说真理，要基于真理正确发挥人类的聪明才智。

倘若以这样一种思想准备为前提来发挥智慧的作用，那么此时的意图，就不再是一种单纯的智慧，而成了以大自然意志为基础的真理的体现。

世界秩序必须在这种思想指导下，遵照宇宙秩序来构建。这才是世界秩序正确的形成路径。

现今，在一部分人中间，有人在倡导世界联邦或世界政府，也有人在对此进行研究，我认为这就是根植于人类的本质的。为了建立世界联邦或世界政府，必须熟知人类的本质，建立源于宇宙秩序的世界秩序。

我们如果忘掉了世界秩序的根本，无视其形成的原理，只想凭人类的渺小企图，那么为了建立世界联邦，必然使人类陷入相互争斗之中。当彼此认清国家的目的，舍弃人类狭隘的智慧，根据宇宙秩序来建立世界秩序的时候，整个世界与人类的繁荣、和平和幸福就会由此诞生。

国民生活的意义

　　发挥自然赋予人类的本质,脚踏实地地追寻国家的历史和传统,一步一步地构建繁荣、和平和幸福,对于国民的生活有着重大的意义。

　　要充实国民的生活,每个人都必须有一颗素直之心,每天都要经营自己的新生活,发挥各自的天分。

　　每个人都要在工作中发现自己的天分,刻苦勤奋,恪尽职守,以国事为己任,对政治抱有强烈的关心和责任感,这样,国民的生活就会迎来繁荣。

繁荣、和平和幸福从天降

在本论题中，探讨一下国民生活的意义。谈起国民生活的意义，听起来似乎有些高深莫测，通俗地说，就是在我们人类生活中为什么要建立国民组成的集体？要以怎样的思想来经营国民的生活？要从这样的国民生活中得到什么？

在思考国民生活意义的时候，先谈一谈人的本质的问题。

一般来说，"本质"一词意味着"固有的性质"或"其事物最根本的特质"。一切事物均有其自身固有的性质。人亦有人的特性，既非犬，亦非马，既非动物，亦非神灵。人的本质区别于其他一切事物的特性。

这种本质并非人依靠自身的力量形成的，人出现在地球的时候，业已获得了这一本质。这是一种天赐，是一种造化。

从宗教的角度来说，人的本质是神灵赋予的。也可以说，它来自宇宙的创造力，来自宇宙本源之力。

换句话说，这种人的本质是人的本来面目。所谓本来，就是"天生"，意味着"天授"。因此，人的本质就是人原本的面貌，这种本质功能的体现是人本来的秉性即人的本性。

关于人的本质，自古以来有人著书立说，研究颇丰。佛学中说，人本来就有佛性，任何人都具备成佛的本质；中国古代思想中有性善说和性恶说这两种对立思想。一个宣扬人之初性本善，另一个提出性本恶之说；西方思想教义认为，人处于动物与神灵之间，在本质上存在着矛盾，既有动物的本能又有憧憬神灵的理性，必须和这两种矛盾进行斗争。

还有一些其他形式的学说，诸如人是神的子孙，佛的弟子；也有一种不同的声音，认为人是罪孽深重的凡夫俗子，是有罪的人等，众说纷纭。

任何一种学说都在人类的修身养性方面具有十分重要的教育意义；任何一种倡导都以各自不同的立场描述了人的本质。

如果我们更深地从更根本的角度去思考人的本质的话，就会发现，上述学说实际只是涉及了人的本质的一个侧面或者一个部分而已，实际上，人类是被赋予了更大、更根本的本质的。

那它究竟是什么呢？正像之前不断提及的，人类被赋予了创造无限繁荣、和平和幸福的力量，这才是人最大的本质。也就是说，宇宙本源之力赋予了人类创造无限繁荣、和平和幸福之力的本质。

因此，倘若充分发挥人的本质，秉承人的本来面目生活，繁荣、和平和幸福自然就会实现。这恰似看起来是一块黑色的石头，因赋予它钻石的本质，因此越磨越亮，璀璨耀眼，光芒四射。同样的道理再如柿子的种子，本质上是柿子树，假如给予它开花结果的力量，让它能顺利地茁壮成长的话，那么就会自然地长成果树，自然地结果。

由此可见，充分发挥人的本质作用，谋求繁荣、和平和幸福，这才是理想的生活，这才是我们人最基本的生活态度。

国家是人类繁荣的手段

正像我在"国家与世界"一节中谈到的，除去一些例外情况，人类参与集体生活，其结果一定会形成国家，人是国家中生活的一员。具体而言，人一定是属于某个国家的国民，在作为一个人生活的同时，也是作为一个国民在生活。换句话说，人的生活就是国民生活。

任何一个国家均有其历史和传统。无论古老的或是新兴的，其国家都有自己独自的历史与传统，这种历史与传统在国民中代代相传，且不断更新直至今天。历史与传统是人们长期经验或体验的积累，最有利于在其国家中生活的国民，最理想的生活方式也在国家的历史和传统中得以传承。因此，在经营国民生活的时候，无论如何都不能小觑历史和传统。

简言之，就是要把充分发挥大自然赋予人的本质，作为重中之重。在这个基本生活态度的基础上，尊重国家的历史和传统——这就是每个国民必须秉持的生活态度。

仅仅这些还远远不够。我们还必须思考国民生活能够创造出什么，就是我们能在理想的国民生活中得到什么。

毋庸讳言，就是彼此的繁荣、和平和幸福，即每个人作为人的繁荣、和平和幸福。

可能有人会认为这不是什么大问题，但实则极为重要。战争期间，日本国民就是被国家操控的奴隶，国家的存在超越一切，至高无上。在国家面前，日本国民牺牲作为人的一切繁荣、和平和幸福。

这种思想是极端错误的。正如我在"国家与世界"中谈到的，国家的目的在于实现人类的繁荣、和平和幸福，充实国民的生活，国家终究是人类繁荣的手段。

更通俗地说，就是国民重要，还是国家重要的问题。没有人的存在，就没有国家的存在，国家最终是为人服务的。这恰如人是为了生存需要种大米，还是为了种大米需要人的存在？不容置疑，自然是人为了生存才种大米，为了人类发展才有国家这一存在形式。这是看似不值得一提的大道理，但一旦偏离这种基本思想，人类便一定会陷入巨大的不幸之中。

日日新的生活态度

以上，将国民生活视作一个整体阐述了其意义。接下来，我再谈一谈国民作为一个个体，每个人必须树立怎样的思想，也就是要重点阐述一下每个国民的具体生活态度。

刚才谈到，要实现繁荣、和平和幸福，必须自觉认识人的本质，充分发挥自然赋予人的作用。实际上，我们动辄依靠人类的小聪明，看问题往往片面守旧，目光短浅，导致很多情况下歪曲了人的本质。若戴有色眼镜观察问题，势必颠倒黑白。一旦守旧僵化，天赋人类的本质，即无限繁荣、和平和幸福，就难以以其本来面目呈现出来。

因此，无论如何我们都要有一颗素直之心，必须培养不被束缚的素直之心，不然就无法保障国民的基本生活。另外，要牢记历史，遵循传统，并以此建立国民生活的基础，但并不是要求人们僵化地生活在历史与传统的条条框框之中。如果只是单纯接受和继承历史及传统，那么就看不到任何的进步和发展。

因此，我们要在生活中吸收本国历史和传统精华，同时日复一日反复研究，不断创新，超越过去，超越现在。也就是说，万物天天变，日日新。那么，为顺应自然之理，宇宙之法，我们必须经营日新月异的新生活，不断地创新，反复研究。

这里所说的日日新的生活态度，并非指要紧跟时代，追赶时代潮流。虽说这在某种程度上来说也是一种必要的处事之道，但最根本的还是每天学会用好真理。实际是一步一步向真理靠近。如果没有这样的态度，历史只是单纯地重复便宣告结束。历史应该是进步的，而不应该是重复的。

为了营造日日新的生活，我们要有疑问，要怀疑。不能囫囵吞枣或是轻易地认可和接收传统的思想和以往的生活方式。"这样可以吗""不应该是这样的"——要敢于提出疑问，要敢于怀疑，这种试图发现其背后潜在的真理的心理准备是非常重要的。否则，国民的生活是不会进步的。

最后，要保障国民的生活，必须充分发挥各自的天分。人所获得的天分都是不同的，梅花、樱花、桃花以及菊花，花形各异，风格不同。当这些花发挥各自特质，争艳怒放的时候，自然美不胜收，丰富多彩。同样，人亦如此。不论几万人还是几亿人，其天分各有所异，当他们各自发挥自己被赋予的天分的时候，国民的生活就会富足殷实，蒸蒸日上，蓬勃发展。

以国事为己任

刚开始谈了整个国民的生活，接着又讲了作为国民的一员，每个人应具备的思想。每个国民都要具备这种思想，在各自的工作中发现自己的天分，感受工作的意义和价值，从而努力奋斗。同时，为使国民生活整体顺利运行，必须增进对政治的关心，要对政治有责任感。

毋庸置疑，要使国民生活繁荣昌盛，不仅政治，经济、教育乃至宗教，一切领域的工作都必须活跃起来。但要想顺利而活跃地开展这些工作，最根本的在于政治的清明。

自古以来，在恶劣的政治环境中仍能国富民丰之事鲜有耳闻。在政治上不顾真理、独裁者唯我独尊的时代，国民经济活动必定会停滞，教育会扭曲，合理的宗教生活会被束缚，继而出现一系列恶劣影响，例如国民失去了素直之心，在沉闷的生活中，抱怨生活暗无天日，人的本性也变得扭曲。这样的生活既不会有繁荣，更谈不上和平与幸福。

幸好迎来了民主主义时代，靠着群策群力，创造了民主执政的机构和机会。因此，每个国民都应关心政治，都应对政治有强烈的责任感。要意识到我们每一个人也都必须对恶政承担责任，要设身处地、一丝不苟地思考政治的理想状态；要以国事为己任，使之向能够真正发挥人的本质的政治形态发展。

总之，每个人都要体会自己职业的意义并且不断地努力。为了全体国民的生活能顺利运行，在生活中必须强烈地关心政治，对政治要有强烈的责任感。这样，国民的生活才有意义，才能开启繁荣的国民生活。

和谐思想

扰乱和平,让生活陷入贫困,是彼此固守各自的思想和主张的结果。个体只体现真理的一个侧面,若将其视为真理的全部则大错特错。

在高层次的秩序下,充分发挥个体的力量,和谐就会从中产生,由此真理便会全面地发挥作用。

依靠彼此的自觉与努力,创造全面和谐的社会。在这个过程中,自然会形成繁荣、和平和幸福的局面。

从太空望全景

最近,在我们社会中出现了诸多问题,其中最显著的是人与人之间争斗不休,并为此失去了很多宝贵的东西。究其原因,各自认为自己的思想和主张是最正确的,只有自己的观点才是真理。

个人的主义、观点不论多么正确,往往也只是真理的一面或者说是真理的一部分而已。观望富士山,由于角度、季节、天气等因素的影响,其色彩、影像以及形态,亦变化无穷,形态各异。在各种变化的形态中,只取其中一项便认为是富士山唯一的形象,这未免有些轻率。只有将富士山所呈现的各种形态综合起来,才可以完整地看到美丽的富士山的全貌。

真理也是如此,在坚持一种主张的同时也应该多听一听他人之见。然而,在如今的社会风潮中出现了这样一种倾向:固执己见,搞一言堂,根本听不进去对方的争辩。虽说彼此都有重建国家的愿景,但如此行动,岂不阻碍重建国家的进程?从这一点上看,真诚希望大家能重新看待和评价事物。先要充分认识自己秉持的观点或主张的正确性,还应该承认并理解他人的主张中正确的一面,汲取二者之长,才能发现更高更大的真理。我们的日常生活就会在更广阔的视野中繁荣发展。这正像从山前和山后两种不同的角度观察富士山一样,倘若用从太空眺望富士山式的全景的广阔立场来观察我们的生活态度,便能开展致力于实现和平、繁荣和幸福的活动。

皈依一种宗教的人，达到安心立命的心境，和平地生活，是一种高尚的行为。如若发生为此而诽谤其他宗教，强制他人服从自己的见解之事，就会扰乱社会，蛊惑人心，那么本应该以和平为宗旨的宗教，反而变成了纷争之源，实际上宇宙之真理绝非如此狭隘。常言道："越学习越觉得自己无知。"这是仰望博大宇宙真理的时候，有感而发的情感。

单一的真理都发挥自身的作用，它们全都包含在宇宙的博大真理之中，并在一个统一的秩序下各自有规则地运行。换言之，每个真理都按照宇宙秩序，彼此协调，发挥着各自的作用，彰显宇宙的博大真理。

鸡尾酒的绝佳滋味

不论社会主义，还是资本主义，都有其积极的一面，也就是都蕴含一定的真理。在彼此的生活中，科学利用，相互融合，相互协调，才会不断取得进步和发展。这是宇宙真理在社会主义或资本主义中的体现。相反，若相互排斥，恐怕会完全扼杀按照秩序运行的真理。只有每个主义、主张中所蕴含的片面真理都能按照宇宙的秩序，相互协调，才能构建起和谐有序的社会。同理，几种洋酒分别饮用，其味不会醇香浓烈。但若混合调制成鸡尾酒，就可享用绝佳的口味。

彼此缺少联系，固守利己观念，固执己见，强调自己的立场，就破坏了和谐，进而陷入不幸。

相互对立的事物一定能够和谐，两种不同的立场也可以相互协调融合。正是这样才会获得进步,才会迎来和平与幸福。

如此说来,构建和谐实非易事。动辄不顾一切强制推行自己的主张的当下,我以为有必要进一步培养这种"和谐"的思想。

经济的目的

提高生产,增加供给,使所有人自由地消费,这是经济的目的。

依自然之理,充分运用经验与体验,提高现有的知识水准,就会产生科学的经济体系。

贫穷是一种罪恶,我们要经常完善经济体系,不断提高生产和消费,消除贫穷,最大限度地达到社会繁荣。

只靠智慧

经济是直接关系我们生活的切身问题，经济发展水平的高低，标志着我们的生活是否繁荣。因此，要使经济繁荣，应该采取怎样的行动？关于这一点，前面做了诸多阐述。但不管怎么说，优先的发展方向为提高生产，增加供给，使所有人自由消费，这才是最根本的。也就是说，经济的目的是创造所有人在生活上没有任何障碍的社会景象。

理论上，无论多么出色的经济学，也不能生产，亦不能进行合理的分配。在消费出现困难时，经济学也不会有任何帮助。即便经济学没有任何发展，只要现实中彼此过上富裕且快乐的生活，那么经济的目的就完全达到了。从这一点上看，经济学知识现在反而带来了麻烦。这样说也许有些言过其实，但至少可以说经济学并没有正确地把握实际的经济活动的动向。

本来经济学是源于真理的，可以不断地正确地提高生产，并使分配更加合理。然而，像今天这样，生产不提高，分配不合理，消费不自由，说明经济学不论体系多么完善，其本身或其在应用上，某些方面肯定是与真理相悖的。

如今，有关经济模式，诸多有识之士和专家学者献计献策，政府按照他们的高谈阔论施政决策，但我们的生活不仅没有改善，反而愈加恶化。这是只靠人的智慧，未循天地自然之理所致。

最明显的例证是，战争期间将日本的工业改组为大规模经营。这种思想的产生是因为当时改革派的执政者们认为，团体劳动比个体劳动更能够提高工作效率。然而，当今的日本人尚无法做到因自己作为团队中的一员发挥作用而萌生远大理想和喜悦之情，也就不可能产生高度的责任感和自觉性。常言道："宁为鸡口，毋为牛后。"比起大公司的经理，人们往往更愿意自己独立经营，至于什么职业无所谓。向往拥有自由的立场，工作规模小也无妨。因此，尽可能有效发挥个体的创造力，激发各自的激情，在这样的体制下才能提高生产率。若是在大企业中，这种创造力将会受到压制。工作时必须和众人站在同一立场，索然无味，毫无兴趣；工作上亦不求上进，相互推诿责任，效率极端低下。

理论上，对大企业来说，团结一致未必是消极的，相反某种程度上可以发挥集体的力量，然而现实并非如此。如果以日本人的思想或性格为基础，就应该建立一个经营者感情至深且企业规模适中的组织。所以，只有符合民众感情的经营方式才是顺天地之法、源自然之理的一种表现。

用十分之一的国家经费开展十倍的经济活动

再举一个案例，国民所得和国家经费失衡，这是目前最严重的问题。解决这个问题是改变现有经济体制的一个基本点。究其产生失衡的原因，实为费用的支出过多。因此，不论国民的收入高低，尽其所需一刀切地从国民手中征税。

我认为这是错误的。在任何情况下，无视收入一味地支出是不合理的。即使行得通，那也是暂时的，过后是需要偿还给国民的。有时或许无力偿还，但必须向国民解释无法偿还的理由，获得国民的谅解，希望他们不要着急，这是人之常情。但现在国家的做法是有需要就征税，并且认为这是理所当然的。即便日后经济形势好转，也不承诺将其偿还给国民。那么，现在国家究竟需要多少资金？我觉得并不需要那么多，用现在十分之一的国家经费，就能开展十倍的经济活动。虽有百倍之差，但如果在健康合理经济体制下运行，一定能够实现。所谓遵循自然之理，说直白一点就是凡事不要强制。我们本就被赋予了繁荣，不强制就是要求忠实地遵循自然之理。现在动辄人定胜天，违背天理。由于违背天理，才发生强制。哪里有强制，哪里就不会有繁荣。

若进一步推行不强制之法，那便是遵循天地之法，自然之理。虽为自然之理，但一切皆依靠人的智慧来判别，因此人的智慧可以解决一切问题。这种观点是极端错误的，仅仅依靠人的智慧是不能充分感悟到大自然的作用的。仰观宇宙之法，自然之理，倾人之智慧与经验。只有人智和真理相结合，正确判断事物，在经济领域中才能产生新的知识。从这个立场上说，经济亦和宗教结合起来。

一般认为，二者完全属于两个不同的世界，毫无缘分可言。但我们认为一切事物的产生，都有其原理。当我们感谢自然所赋予的无限恩惠，营造精神生活的时候，宗教便诞生了。将这种自然的恩赐应用于物质生活的时候，就产生了经济。

提高生产和消费

通过科学合理的经济体制来提高生产与消费，势必会消除贫困。谈到这个问题，便想起这样一件事情来。战前一家水泥公司，大规模制造水泥，因水泥生产过剩，导致滞销。如果无法销售的产品强行售卖，势必降低其价值，从而造成损失。因此，当时的公司代表商讨，削减掉四到五成的生产，这样既保值又合算。这在表面上看似乎是缩减节约，实际上非常浪费。因为这样做公司账目可以维持，但导致五成的生产设备闲置，从国民经济上估量，是一个非常大的损失。另一种观点认为，公司既然是以营利为目的的，如果产品销售不出去的话就没有利润，因此这也不过是一种无奈之举罢了。在这样进退维谷的选择中，就需要科学合理的经济运营。

在我国，如果当时的政治家精明强干，有经济头脑，恐怕会叫停减产，剩余产品由政府买单，坚持尽量让产品都能廉价出售的经济政策。对水泥公司来说，此举能保障一个维持公司运转的产品销售价格，以此来替代由于减产而闲置机器的措施。如此为之，生产水泥的设备不会闲置，能全部运转，水泥生产亦不会停止。

那么，政府如何处理购入的水泥呢？其一，开展全国性的道路建设活动，这会对未来的产业发展起直接或间接的作用。一个国家的繁荣，应先从道路建设开始，美国今天的繁荣，就是靠这样的政策建立起来的。而我国道路建设的薄弱是出了名的，正因为处在这个时期，所以必须实行这样的政策。而且，当时有很多失业者，购买廉价水泥，既可以救活水泥公司，又可以帮助失业者，同时又建设了道路。这样既减轻了国民的负担，又巩固了繁荣的基础。现在动辄像之前一样，限制生产，遏制消费。也许很多人认为这是一种最经济的方法，但其实这是错误的。必须认识到经济的目的在于提高生产与消费，使国民乐享人生。

贫困是一种罪恶

古人云："贫穷之苦胜于百病。"贫穷是痛苦的，处于贫困中的人和饱受疾病之苦的人没有什么区别，同样值得可怜、值得同情。当然，贫穷有时是当事人缺乏工作能力所致，但绝大部分原因在于社会或国家。对贫穷的人，应该给予同情，但贫困本身是一种违背天理的罪恶，应该铲除，决不容忍。甘于清贫也是一种值得尊重的生活方式，但这是一种认可贫穷的思想，是无法消除贫困的。因而我们毫不含糊地说："贫穷就是罪恶"，一定要去除。不仅如此，贫穷还会滋生罪恶。几千年前，有哲人云："衣食足而知荣辱"，此理今天依然适用。个别特殊之人另当别论，一般的人越贫穷越不恪守道德。也就是，"衣食弗足而不知荣辱"。

不论学问多么进步，文化多么发达，此理是不变的，这暴露了人的本性。从这一点上看，贫穷会导致罪恶。因此，要防止罪恶，必须消除贫穷，使社会繁荣富强。若消灭贫穷，至少罪恶或犯罪会有一定比例的下降，经济的伟大目标之一其实就在于此。要消除这种贫困，个人必须努力，也必须建立一个相应的社会机制，要在政治上制定科学的决策。因此，最重要的是，我们清醒地认识到贫穷是一种罪恶。如果所有人都能抱有这种想法，努力奋斗，贫困就会逐渐减少，并且一定会产生消除贫困的经济活动。

生产和消费

　　生产和消费是推动人类经济生活这辆车的两个车轮。生产拉动消费，消费反过来促进生产。二者必须保持相互作用、彼此协调的态势。

　　抑制生产和消费违背繁荣。大量生产时则千方百计促进消费，大量消费时则努力增进生产。

　　大家在不断促进生产的同时，要使消费与之相协调，使经济生活更丰富。经济策略的要点就在于此，繁荣、和平和幸福的基础也在于此。

忽略经济就没有人生

经济是维护人类生命的基础。不论人有多么远大的人生理想，一旦经济发展不健全，人就无法过上稳定的生活。也就是说，忘掉经济，就没有人生；不谈经济，就没有繁荣。当然，并不是说只要有了经济，就能解决人生的一切问题。正如常言所说，"人为了生存而进食，不是为了进食而生存"，我们要有超越了经济目的的更高的人生追求，也就是说要有奔向更高层次的精神世界的理想，这样人生才有价值，生活也才能幸福。

换言之，随着以经济为基础的物质生活日渐丰富，我们必须丰富思想，提高精神境界。二者都是宝贵的人生支柱。我们要走更高层次的人生路，必须对它们有深刻正确的认识。这是一条通往繁荣的道路，所以，在生活中必须脚踏实地地充分利用宇宙赋予人的本质。

那么，下面我们思考一下经济的内涵和经济的内容。

经济的内容用一句话来概括就是生产和消费。也就是说，有了生产和消费，才有我们人类的经济生活。这种生产和消费有如推动人类经济生活这辆车的两个车轮。倘若只顾生产，没有消费，那么就会导致物资过剩，产生不景气的现象；相反，消费过多，生产跟不上，供不应求，导致通货膨胀现象的发生，造成生活的不安定。

由此可见，生产和消费恰似一部车的两个车轮，一方过大或过小都会失去平衡，必须保持相互协调的状态。在考虑经济问题的时候，既要考虑生产，也不能忽视消费，或切忌只考虑消费而忽略生产。要将二者结合起来，谋求协调发展。

切忌抑制生产

刚刚谈到生产和消费必须协调。协调有两种方式。其一，如果生产过剩，就抑制生产，使之与消费相协调；其二，通过增加少量的消费，使之与生产相协调。以前大抵都是，只要生产过剩，便控制生产，也就是说，限制生产是一种常识。即便是国策，一旦落实到各个企业，先考虑的就是限制生产。

如果生产过剩，那么产品是不是都用到该用的地方，全部消费掉了？其实未必如此。比如，我曾在"经济的目的"一节中提到，在日本，曾经有一个水泥厂由于生产过剩而陷入困境。不断增加水泥生产设备，制造出大量的优质产品，但市场销路不容乐观。因此制造公司为了维持正常的经营，将生产规模缩减到四五成，在减轻滞销的同时，保证价格不受损。对于制造公司来说，实在是一种无奈之举。但是，当时在日本，应该使用水泥的地方都用到了吗？其中之一，就是当时国家公路的修复工作。道路的修复是振兴产业的基础，是一项非常重大的工程。所以在当时水泥过剩、失业者众多的情形下，从救济失业的意义上来说，坚定推进这项工作应该是政治上的一般做法。但政府实际上并没有这样做，而是实行了限制生产的政策，导致所有的公司都深陷在不景气的泥潭中。

当时的执政者认为这样做是理所当然的,是不景气之下的无奈之举,所以任由制造公司减产。

但当时政府如果能认真思考一下,就可以避免如此巨大的浪费。能够生产出宝贵财富却不去生产而是控制,不增财富,不产物质,应该说这是一种与繁荣、和平和幸福背道而驰的举措。如果国家将过剩的水泥廉价购买,用于铺装道路,制造公司不奢求赚取额外的利润,只要能保证经营,就愿意继续生产。那么,日本的道路也会更加完善,更加优化,从而助力产业的进步与发展。这项工程如果得以开展,对拯救当时的失业者将会产生巨大的意义。

所以,这完全是由于当时执政者的经济观导致的巨大错误。不景气是资本主义的病根,无法避免,在这种观念的主导下看待一切经济现象,认为减产是一种无奈的抉择,任由每个公司各行其是,从大局来说,看不到独树一帜的努力。

按照这种经济观,无法制定出繁荣的良策。其实如果策略得当,本来是不会出现不景气的现象的。这才是正确的经济观。我们必须根据这一观点,从根本上重新审视我们的经济政策。

从根本上来说,生产是完全不应该被抑制的。不但不能停下生产的脚步,相反必须不断地促进它,而在大量生产时,必须千方百计地促进消费。所以,从原则上来说,生产过剩的时候,不是抑制生产,而是要通过提高消费,使之与生产相协调。这是走近繁荣的第一步。

也不可抑制消费

这种原则亦适合于消费过剩的情况。战争结束后,生产复兴才是重建国家之路。按这种思维,采取了生产优先的政策,而且提倡抑制消费,过勒紧裤腰带的生活。对于一个国家,这一思路在当时来说是非常正确的。

努力恢复生产值得赞许,却不能为此而极端地抑制消费。当然战争是人为的大错,导致了生产设备遭到根本性破坏。在这段不幸的时间里,消费或许受到限制。但这种情况除了天灾或战争等极为不正常的情况之外,是不会经常发生的。因此,按生产程度来限制消费的做法,从经济的原则角度来说是非常不合理的。

抓生产、促销费才是正确的前进方向。不应该抑制发展,而应当改善落后的地方,使生产和消费不断地协调发展。这是经济方针的最基本点。执政者按这个观点推行所有经济方针的时候,人的经济生活就会开始顺利运行,就会开辟出一条繁荣、和平和幸福的道路。

财富的本质

经济的目的在于让所有人自由地消费。但实现此目的的方式会随着时间的变化而变化。

积累的财物本身不是财富,生产和消费这些财物的力量才是真正的财富。

仅仅提高生产力或者仅仅增加消费力,都不会令财富增加,当二者在相互协调中不断提高的时候,财富才会增多,繁荣才会实现。

经济的要诀是生产和消费的协调发展

在前述的思考中,我们若找一些与经济有些关系的内容,那就是"人生的意义"一节。

> 所谓的人生,就是由生产和消费组成的营生。只有物质与精神俱佳的生产与消费,才能创造出理想的人生。
>
> 要进行好的生产与消费,必须谋求精神文化和物质文化的全面发展。政治与经济、科学与艺术、宗教与教育在实现这一目的方面均具有重要的意义,离开它们就没有任何价值。
>
> 人类必须努力进行好的生产和消费,以全面实现繁荣、和平和幸福,进而实现人生的意义。

这里所说的未必仅仅是经济问题。从中我们已经知道,经济就是通过在物质上实现好的生产和好的消费从而构建人类的繁荣。说得更具体一点的则在"经济的目的"一节。

> 提高生产,增加供给,使所有人自由消费,这是经济的目的。
>
> 依自然之理,充分运用经验与体验,提高现有的知识水准,就会产生科学的经济体系。
>
> 贫穷是一种罪恶,我们要经常完善经济体系,不断提高生产和消费,消除贫穷,最大限度地达到社会繁荣。

这里仍然把经济的要素归结为生产和消费,没有改变。但就这一思想再进一步深入阐述的,是"生产和消费"一节。

> 生产和消费是推动人类经济生活这辆车的两个车轮。生产拉动消费,消费反过来促进生产。二者必须保持相互作用、彼此协调的态势。
>
> 抑制生产和消费违背繁荣。大量生产时则千方百计促进消费,大量消费时则努力增进生产。
>
> 大家在不断促进生产的同时,要使消费与之相协调,使经济生活更丰富。经济策略的要点就在于此,繁荣、和平和幸福的基础也在于此。

涉及经济问题的,大致有上述三节的内容,它们都始终如一地强调生产和消费这两个关键词,也就是强调了生产和消费二者的相互协调和不断提高。这正是经济的要诀。

生产力才是真正的财富

接下来,我们再进一步,来探讨财富是什么,什么算财富的问题。财富的本质问题是经济学的一个重大研究课题,到目前为止已有诸多的研究。但这里,我想坦率地谈一谈个人所感所想。

一谈到财富,按以往的常识,人们往往会认为是某种积蓄,就是将储存起来的东西视为财富。诸如储存起来的 10 吨水泥,100 吨煤炭,将它们当成财富。这确实也是一种观点。在人类智能尚未发达，经济活动仍处于雏形的时代，采集自然果实储存起来，以备不时之需。这种储藏起来的东西，对处于经济生活不安定的他们来说，是一笔非常重要的财富。此后相当长的一段时期，人们头脑中都保留着这种思想，直到今天，依然有很大的影响。但经济生活一直在不断进步，在如今这种经济机构的条件下，这种思想还是否合适，存在诸多疑问。

现在具备无须储藏一旦需要立即就能生产的能力。战争灾害另当别论，一般都具有满足需求的生产能力。说得直白一点，就是不需要煞费苦心去购买和储藏，只要需要去到商店即可，那里应有尽有。即使没有储存10吨水泥，只要具备立刻生产10吨的能力和设备，那么完全不需要储存任何水泥。

在过去的战争中，有一说法是日本是在物资的数量上败给了美国。这也许是事实。但把物资的量仅仅看成是储备的物资的数量是不妥当的。问题的实质在于，美国具有为了战争不论消耗多少物资都能够得到完全补充的生产能力。日本输在了生产力上，因为日本没有这种生产能力，拼命积蓄的物资一旦用尽，一切便宣告结束，这是跟美国最大的不同。即便是古代的战争，一旦遭到围城，不论积蓄多少粮草，消耗殆尽只是个时间问题。即便储存成百上千石的粮食，最终也会被消耗殆尽。用一句话来说，不具备生产能力，单纯靠积蓄，根本谈不上真正的富有。

以个人为例，情况并无二致。即便有几百万几千万日元的积蓄，如果花光了也就什么都没有了，还有可能在什么事情上一次性花光。财富不单纯是指积蓄了多少，而是经常性、稳定的收入。更根本地说，财富是一种能够带来经常性收入的能力。公司也是如此，如果说公司真正的财富是什么，那就是生产力。能够生产的能力，就可以看成是公司的财富。如此看来，以前说的财富是一种单纯的积蓄是错误的。实际是一种生产的实力，是一种生产能力。

消费力也是一种财富

以上重点谈了生产，但这绝不意味着只要增加生产就解决一切问题，生产一定要和消费相适应。不论怎样生产，如果没有消费就没有任何价值。假如某人拥有一亿元的资产，如果不使用就等于没有。不管生产多少产品，如果不消费，生产力也会停滞不前。

不能将生产力和消费力割裂开来考虑。如果没有消费力，就会减产或控制生产，宝贵的能力也就白白浪费了。这种事例实在太多了。战后的日本，物资普遍严重不足，但依然采取减产的方式，便是其中一例。消费力可谓是生产力的强心剂，所以有些时候，更为困难的不是如何生产，而是如何消费。现在一谈到消费，人们往往觉得意味着失去某种财富。在前面也谈到过，那是你将以往的积蓄看成是一种财富的结果。换句话说，因为把积蓄看成是一种财富，所以用掉积蓄就是减少财富，例如本来有十样东西，用掉了五个，就只剩余五个了。从这点上看，消费确实是在减少财富。

如果具备足够的生产力，消费就不应该被排斥，应该被鼓励。因为越消费就越能促进生产。假设现有的东西全都被消费掉，只要能够及时加以补充，就不会造成财富的减少。如果消费的量超出了现有的存量，就会刺激生产。因为为了满足消费，必须追加生产，最终自然是财富的增加。

如此看来，消费力也是一种财富，可以说正因为有了消费力，才会有生产力。

简而言之，生产力是财富，它直接影响消费力；消费力也是财富，它直接影响生产力。

从储蓄经济观到生产消费经济观

以上从生产力谈到消费力，同时还谈了重新认识消费力的问题。这里值得注意的是，尽管消费力是一种财富，但不能无限度地消费，也就是说切忌浪费。消费力一定通过某种形式使生产力有所增加。国民若多喝酒，酒厂就有发展；战争这种特殊消费，会刺激重工业的发展。但同是消费，还是希望进行有益于人类繁荣的"善意的消费"。同样是一万元，有人用来行善，有人用来作恶。同样是消费，希望用于对大家都有益的事情上。

在这里，我们暂且不论什么是好的消费，什么是不好的消费。总之，在考虑增加消费时，务必要让它向着有益于人类繁荣的方向发展。

纵观以上内容，展望了前面阐述的经济观，并进一步阐述了财富不等同于单纯的积蓄，只有生产力和消费力才是真正的财富。为了增加国家的财富，需要努力使生产力和消费力协调发展，共同提高。与此同时，正如我刚开始谈到的，要彻底地认识到今天的经济生活已经取得了巨大的发展，必须从储蓄思想转变为生产消费的思想。如果说以前的思想称为储蓄经济，那如今就是生产消费经济，所以我们必须将储蓄经济观转变为生产消费经济观，努力使生产力和消费力协调发展，共同提高。这才是财富的真正意义所在，是真正的繁荣。

学问的使命

　　一切学问的意义在于拓展自由，提高秩序，促进社会的生成发展。

　　各言其说，各守其论，缺乏整体协调的学问则会限制自由，破坏秩序，妨碍社会的生成发展。

　　不论贤愚，只要胸怀素直之心，就能拥有感悟学问的意义，充分发挥学问作用的力量。这种力量，可以形成良好的政治、经济和文化，从而实现人类的繁荣。

没有实用价值的学问毫无意义

在社会生活中,若是人的自由受限制行动受拘束,绝对谈不上幸福。人不仅在思想上保持自由,还必须有人身自由。只有身心都获得轻松的自由,人的本质才能鲜明地发挥出来。

同理,如果秩序被破坏,就不可能创造出鲜明体现人性的社会。过去总是光天化日之下出现持枪抢劫、团伙盗窃的现象,行贿受贿事件几乎天天上新闻报道,这是社会秩序低下的一种表现。人的生活要获得身心自由,与此同时,要求维护社会秩序,提高秩序。

古有"随心所欲不逾矩"之说,这是自由和秩序完全和谐的状态,这种状态有必要体现在社会生活中。也就是说,人们希望的社会体系是,每个人都自由地工作,充分发挥各自的天分,且其作用在整体上是井然有序的。这样社会就能不断地生成发展。

为了创造这样的社会,就需要去研究其中的原理及运行机制,这也是学问的使命。有些人钻研学问,满腔热忱,其态度固然值得尊敬,但研究的内容如果对上述三件事没有任何贡献,这种学问就没有多少存在的意义。我这样说或许显得太实用主义,但我想表明的是,大家千万不要忘记,学术研究如果脱离了实际,就没有任何意义。

用好正宗①名刀的是人

如前所述，各言其说，各守其论，缺乏整体协调的学问会限制自由，破坏秩序，妨碍社会的生成发展。不论在精神层面上，还是在科学层面上都是这样。优秀的发电机需要机械学和电力学的合力才能被发明制造出来，其他任何学问、道理也都是一样的。但看看现在的社会状况，情况似乎并不那么理想。不论是马克思主义，或是资本主义，一种学说一个主义都有其逼近真理的一面，但一家一派终究不能涵盖所有的真理。因此，如果各自固执己见，坚持自身的观点并按其理念行事，那么就会失去普遍真理，令人陷入极大的不幸。

为了不陷入这种弊端，发挥学问的真正力量，不论贤愚都必须保持一颗素直之心。要做到这一点或许很难，但非常可贵。学问就像正宗的名刀，是非常有用的利器。但识利器、用利器的依然是人，是人在驾驭它。有了这样的认识，我们就会明白，必须先培养人的素直之心。如果没有一颗素直之心，人就会陷入主观的偏见，而固执己见。实际上，要发现事物原原本本的真相，就必须有一颗素直之心。

有一天，我在从东京回来的电车上碰见了京都大学的 S 教授，他是一位理学博士，他说的一番话令我产生了强烈的共鸣。他说："我们这些科学家如果没有一颗素直之心，绝对做不了发

---

① 正宗，是镰仓末期的制刀名匠。——译者注

明,也不可能有发现。科学家必需的职业良心就是素直之心。"

学问是繁荣的源泉,是繁荣的基础。为了做好学问,就需要用素直之心去发现事物的真相。这种态度至关重要。如果这一思想能在各个领域得到应用,就会营造出良好的政治环境,形成良好的经济秩序,培养出良好的文化氛围,人类就会越来越繁荣。

教育的根本

教育的根本在于通过智情意（智力、情感、意志力）的发展和协调来提高人性，从而创造和平、幸福的人生，给社会带来繁荣。

教育不仅仅是教授学问，传授技艺，最重要的是引导人走正确的人生之道。

民族的振兴，世界的和平，都与教育力相关。为了实现人类真正有意义的生活，就应该专注于教育。

关于活法的教育

要创造和平幸福的生活和繁荣的社会，教育是根本。良好的教育会营造良好的政治，形成良好的社会风气，差的教育则会让一切变为徒劳。

教育就是育人。育人也可以从优生学的观点解读，但教育所说的育人是指培养已经出生的人，也就是提高他们的人性。要提高人性，智情意的全面培养至关重要，它是人所以成为人的关键。比这个更重要的是智情意的协调。只有当智情意保持协调发展的时候，才能培养出出色的人，塑造健全的人格。

智情意失调的教育一旦付诸实践，本来应该是人驾驭知识，就可能变成人被知识左右，人成为知识的奴隶。最后，人就会被人类的智慧束缚，无视天地自然之理，这样就绝对不会实现繁荣、和平和幸福。因此，教育之本在于谋求智情意的协调和全面发展，在于不断地提高人性。

通过智情意的协调和全面培养来育人，这是教育的根本。一旦忽视这一准则，教育就仅仅只是停留在传授知识和技能的层面，无法培养出真正出色的人，只能培养出拥有知识和技能的动物。为避免此类情况的发生，不光要培养学问和技能，最根本的是关于正确的活法的教育。我们既然是人，就要感悟人生的意义，领会人的意义。只有领悟到这些，我们的职业才有意义，才能让人生有价值。教育会让人懂得其中之理，但是只是停留在了解的层面是不够的，更应该身体力行。在实际中践行是尤为重要的。这就是修养教育。

用日语固有的说法，修养教育可以用"しつけ"表示，汉字写作"躾"，拆开来看就是"美身"。它不仅仅是知识和技能的习得，而是要领悟正确的活法，提高人性修养。这才是修养教育。但看看今天的教育，实际上偏重于教授知识和技能，基本看不到关于正确的活法的教育。同时，受教育的一方也有一种倾向，大多认为只要掌握好知识和技能就足够了。自然，学习知识和技能比较简单，同样的东西只要反复强化记忆就能记住。但修养教育需要教育者和受教育者的共同努力，彼此都要有一种对人生负责任的真诚态度，这就需要坚持不懈的努力和不断的钻研，但其效果并不会直接显现。学习知识和技能则不同，只要当时努力就够了，很多情况下学习的效果也会立竿见影。因此，修养教育往往被轻视，而关于知识和技能的传授则容易成为主导。不得不说，这就是教育者和受教育者最普遍的现状。

教育的方法遵循简单与自然

回顾日本过去的传统，教育的方法有经验式的，也有实训式的，但总让人觉得都在墨守成规，在按着一个固定的模式进行，缺少当今社会所要求的更为自然和开放的态度。

假设这里有一条道德上的规范，在日本，按以前的教育方法，会在形式上要求大家必须遵守它，但正因为只是形式上的要求，重形式轻内容，所以在很多时候人们往往并没真正领会这条道德规范的内涵。在美国则不同，他们是以极其自然的方式和坦率的想法来实施修养教育的。道德当然要遵守，但并不是必须按某一种形式去遵守，而是应该简单直接，让每个人都有能力去遵守。当今的教育方法，就是要让受教育者在这种自由中去思考本质的东西。

前几天，美国的一位军官到我的工厂参观，他这样说道："这个工厂有自己的研究室，从事相关的研究，这是必要的，是值得称赞的。但有些事情更重要，那就是把现在已经掌握的技术全部投放到工厂去。"这个人有技术知识背景，只有 26 岁。因为他所接受的教育要求他要真正掌握学过的一切学问，所以他能够直观地看出问题。以前也有各行各业的人来我的工厂参观，看了我的实验室都说："这里能研制出很好的产品，这也是贵公司受人信赖的根基。"我们曾经也是这么认为的。但青年军官的一席话让我们受益匪浅。

过去日本的教育也如此，出现了知识与应用脱节的情况。在美国，就算他们把研究看成是第一位的，也会教育受教育者只是通过拼命地研究去掌握某种知识，不会给人生带来任何东西。因为不与应用联结的知识就好比画饼充饥，解决不了实际的问题。只有将学问和知识转化为现实的应用技术，才有真正的价值。然而，这种思想在日本教授得比较少。有人常说日本的教育就是在出售知识，这是值得我们深思的。

日本的教育制度是非常完备的，教育工作者的数量也很庞大，日本也是对教育最为重视的国家之一。如果问日本的教育达到了什么程度，取得了多少成果，却又几乎答不上来。最大的明证就是我们现在依然在贫困中挣扎。以前的教育确实可以让人获得一些学问和知识,但并没有教育人如何找到正确的活法,所谓的"画龙而不点睛"。所以,今后要想推动日本的繁荣,必须深刻反省,切勿偏离教育之本。

只有良好的教育,才有和平与幸福的人生,才能够构建繁荣的社会。也只有良好的教育,才有民族的繁荣,才能够保证世界的和平。

文化的意义

文化就是逐一阐明宇宙法则,并将其应用到生活之中的表现形态。具体体现为广泛的自由,高度的秩序和无限的生成发展。

有秩序没自由,或者有自由没秩序,都不会带来生成发展。没有生成发展,文化生活和文化国家的愿望就只是一个空想。

真正的文化是物质文化和精神文化共同发展的产物,也是繁荣、和平和幸福的源泉。

遵守宇宙法则就是文化

日本作为一个文化国家，必须开拓一条新的道路。为此，以前曾广泛地举行了有关文化的辩论。有的人呼吁振兴科学，有的人主张发展艺术，还有的人说重建学问和教育才是文化建设的第一步，更有人主张复兴宗教也是文化国家的使命。

每一种主张都是合理的，没有任何错误的。但是它们都只是从文化的某一个方面切入展开讨论。当然，学问的进步是文化，艺术的提高也是文化，但只有各个方面都获得综合发展，才会产生真正的文化。当今社会，个别领域确实发展到了较高的水准，但往往缺乏综合性。因此，我们在这里有必要从根本上重新研究一下文化的意义。

那么，什么是文化呢？我认为可以这样直截了当地理解："文化就是逐一阐明宇宙法则，并将其应用到生活中的表现形态。"不论科学、艺术或是宗教，都是阐明宇宙法则的一个形态。而且，只是阐明也谈不上是文化，阐明的一切必须在现实生活中一一得到应用。所以，即便在一些领域中出现卓越的科学家或艺术家，倘若整个国民的生活水平没有提高，也根本谈不上文化的进步。

基于对文化的这一基本定义，就可以确定地说，促进科学发展、推动艺术进步和发展宗教都是推动文化发展的表现，但这些只构成文化的某一方面，只有将这些综合起来，才能形成真正的文化。

衡量文化的三个尺度

文化的发展会给我们的生活带来什么呢？我想，那就是广泛的自由、高度的秩序和无限的生成发展。换句话说，就是宇宙的法则作用于我们的生活，会带来广泛的自由、高度的秩序和无限的生成发展，从而实现繁荣、和平与幸福。

是否有自由，是否有秩序，是否能生成发展，这三个尺度是衡量文化发达程度的重要基准，没有这三个要素，就既谈不上文化生活，也谈不上文化国家。如果用科学的进步、艺术的提高和宗教的发展来作为基准，那发展到什么程度才算是文化国家，判断起来有些困难，而用自由、秩序和生成发展作为尺度来衡量，大体上就能够获知文化的发展程度。

可以说，自由度越大，文化就越发达；秩序化越高，文化生活水准就越高。而处于不断生成发展状态的国家，可以说是文化国家。单有自由和秩序谈不上文化生活，而如果没有生成发展，也算不上是文化国家。实际上，有了自由和秩序就必然会产生生成发展，如果没有生成发展，就不是真正的自由和秩序。如果自由、秩序和生成发展不是齐头并进，不是现在比过去进步，未来比现在进步，就谈不上是处于文化发展中的国家。

从这个观点来看现在的日本，结果究竟会怎样呢？秩序化程度非常低，自由也非常受限。比如法律，都是规定不能这样做不能那样做，禁止事项太多，束缚人的自由。如果法律规定都是刻板僵化的，那是没有希望实现生成发展的。说实在的，我倒是更希望有这样的法律，就是告诉大家可以这样做可以那样做。我认为，如果剥夺了生活的自由，即便有了火车，有了汽车，也不能称之为文化。因此，如果有剥夺自由的法律存在，有误国误民的政治存在，又或者如果有偏离了真理的宗教存在，使得社会缺乏自由的话，那是在阻碍文化的发展。

物质文化和精神文化的差距

我们必须不断追求真正的文化，并为实现真正的文化而努力。但是，如前所述，要物质文化和精神文化同步发展。假设物质文化提高百分之百，而精神文化只提高百分之五十，二者就产生了一倍的差距。这种差距越大人越容易犯错误，从而陷入不幸。

科学的发展已经达到了能制造出原子能的程度，但这些都用于战争，变成了人类杀戮的工具。这并不是说是谁的错，而是全人类的责任，今后也是如此，只要有战争，原子能就会沦为杀戮的工具。因此必须不断提高人的思想境界，直到消灭战争。科学越发达，战争的浩劫越残忍。如果人的精神境界提高，消灭了战争，或者消灭了引发战争威胁的潜在因素，那么原子能就能用于和平事业，使人类的生活更富裕、更方便，这样科学的进步才有意义，物质文化之花才能绽放。

科学越发达，精神文化就越需要提高，否则就不会迎来真正的繁荣、和平和幸福。单有飞机天上飞，电车地上跑，人是不会幸福的。物质文化和精神文化之间不能有差距，这对实现繁荣、和平和幸福是最重要的。

精神文化为何滞后

在今天的现实生活中，一般认为精神文化落后于物质文化。也就是说，对宇宙中的精神法则的阐释远远落后于对物质法则的阐释，这是造成如今不幸的最大原因。

对宇宙精神法则的研究为什么滞后？那是因为比起物质法则，精神法则非常模糊朦胧，更令人难以捉摸。比如精神法则中有一种行为叫嫉妒心。释迦牟尼也曾经说过人类会有这种嫉妒心。但是人的嫉妒心并不是佛祖创造出来的，而是宇宙本源之力赋予人类的，佛祖只是发现了它而已，这跟牛顿发现万有引力定律是一样的。

问题在于如何对待这种法则。既然嫉妒心是宇宙法则赋予的，就无法消除。这和不能消除万有引力是同一个道理。如果意识不到这是宇宙法则，就会使人深深地陷入不幸。但因为无法消除就加以滥用，人就会丑态百出。人一旦无原则地暴露嫉妒心，就相当于不会发挥这条宇宙法则的作用。因此嫉妒心有如煎炒菜肴，必须火候适中。如果一个人能掌握好嫉妒的度，反而会被认为情商高，人的生活也会变得非常和美。

精神法则的阐释是非常难的，而且在深谙这些法则的圣贤们的教诲中，大量使用"方便"一词。后来的教化者们对"方便"的解释有很多分歧。当然有的解释或理解很到位，也有一些解释比较僵化陈旧，精神文化的发展滞后也是一个原因。

直到今天，对精神法则的阐释，依然只停留在老祖宗的教诲上，缺乏在此基础上进一步发现伟大真理的勇气和努力。在自然科学方面则不同，以牛顿发现的万有引力定律为基础，诸多的研究和发现不断涌现，曾经被视为绝对真理的欧几里得几何学，也随着研究的发展，被证明并非适合于一切场合。由此可见，在科学方面，通过不断的研究和努力，物质法则或被否定、或被修正，并最终得以应用。正因为如此，物质法则的阐释取得了很大进步。

对精神法则的阐释却依然缺乏勇气和努力。如前所述，阐释精神法则要比阐释物质法则困难得多，本应付出比研究自然科学高出几十倍甚至上百倍的努力，却始终徘徊在先贤的教诲中。毋庸讳言，长此以往，物质文化和精神文化之间的差距只会越来越大。

所以，精神文化的发展困难重重，需要加倍努力。物质文化不论多么发达，物质生活不论多么丰富，如果精神文化处于落后状态，便不会有真正的文化生活，也不会产生繁荣、和平和幸福。因此，要想发展真正的文化，必须千方百计地推动物质文化和精神文化的同步发展。

这里，我们将上面的分析再做一个总结。文化就是逐一阐明宇宙法则，并将其应用到生活之中的表现形态。具体体现为广泛的自由、高度的秩序和无限的生成发展。因此，在文化国家，自由、秩序和生成发展三者必须同时存在，物质文化和精神文化必须并行发展。这样才会有无限的繁荣、和平与幸福。

第五章 政治

政治的要诀

　　政治的目的就是让所有人能够安居乐业。

　　只靠学问和才能不会形成好的政治。政治的要诀在于执政者和民众都有一颗素直之心，尊重天地自然之理，在此基础上谋求每个人的幸福。

　　尊重人性，才有合理的政治；提升人性，才能形成良好的民主政治。

政治存在的目的

有关政治的目的，自古以来众说纷纭，但我想说的是，政治的目的就在于让所有的人都能安居乐业。

这看似简单，实则非常之难，在现实社会中，不能安居乐业、怨声载道的情形还比比皆是。为了解决这些问题，产生了政治学等学问，诸多学者专门研究并著书立说，阐明政治的理想模式，很多政治家也根据这些学者的学说进行了各种实践。

从结果来看，确实也出现过政治良好的案例，但很多情况下适得其反，结果不佳。特别是近来的日本，政治极度贫困，要求营造可以让人们安居乐业的政治环境的呼声越来越高。

昭和十二年至昭和十三年间，我曾沿山阳线一带旅行，当时这一带在日本也属于发达地区。虽然在沿线也能见到几家有土墙粮仓或漂亮庭园的住家，但大部分人家只有可容人蜗居的低矮小屋。不知道这些农民的祖辈从什么时候开始务农的，应该至少也有两代，虽然祖祖辈辈做着同一件事，都在为糊口竭尽全力，但都同样身处贫困的状态。同样一件事，辛辛苦苦劳作二十年、三十年，按理多少应该有些积蓄，但日复一日年复一年，他们贫困的生活丝毫没有改变。这些日本农民的常态，就是日本政治贫困的例证。

当然，农民自身的生产方式也存在必须改进的地方。但作为政治家的一大责任，就要先深究农民为何存不下钱，为何甘于贫穷等问题。让国民安居乐业是政治的目的，但如果政治出现了大的纰漏，导致国民的辛勤劳动化为乌有，国民就不可能有富余，就一定摆脱不了一贫如洗的状态。

摆脱人智的控制

好的政治需要诸多条件，如今最受重视的是学问和才能。诚然，没有学问和才能不可能有好的政治，但是只靠学问和才能也是无法实现好的政治的。所以，最重要、最根本的是，执政者和国民都应该有一颗素直之心，尊重天地自然之理，并将其作为为人处世的准则。

用学术的眼光来看，明治时代远比德川时代进步，大正时代和昭和时代又取得了比以往更大的进步，人们的才能也随之进一步增长。但尽管如此，不但没有看到政治取得同样的进步，反而让人觉得在不断地倒退。

这种现象，是只依靠人的学问和才能即人的智慧，忘记了天地自然之理所致。实际上，学问和才能只是人类在遵循天地自然之理并以此开展活动时的一种辅助工具而已。只有遵从天地自然之理，学问才会有生命力，才能发挥作用，人类才会获得幸福、和平和繁荣。今天的悲剧就源于无视了这样的原则。

人类的智慧和机敏在大自然面前是十分渺小的。在人的整个生活中，智慧发挥的作用仅仅是万分之一而已，剩余的万分之九千九百九十九都是天地自然之理在发挥作用。然而，随着学问和知识的进步，人类开始故步自封，认为只要依靠自身的能力就能活下去，从而轻视了占巨大比重的能量，试图只靠这万分之一的微不足道的智慧活下去。如今，社会看似在进步，文明在发展，人的生活反而陷入困境，就是这个原因。人们认为今天拥有的智慧和学问是至高无上的，也就犯下了错误。

科学和学问不是绝对的，它只是认识自然之理和宇宙法则的一种手段，终究是要遵循自然之理和宇宙法则。

我们应该遵循天地之理，在此基础上提升学问和才能，追求繁荣之道，而以实现所有人的繁荣为目的的政治，其根本也在于此。今天，我们在推进政治改革的时候，必须先思考这个问题，必须改变所有人的思想。

我在"人性"一节中谈到，人是有人性的，因此在施政的时候，先要有一颗素直之心，要承认人性的存在。否则，必然会导致民众受涂炭之苦，不论其宣扬的理想如何伟大，最终都是不会取得成功的。

熟知人性的关键

现今的执政者大都是通过学问和才能选拔出来的，说起理论来头头是道，对如何将理论应用到实践中去这一重中之重的问题，却毫无头绪。究其原因，看一看他们的个人成长经历就一清二楚。

当今的实际执政者都是一些被称为官员的人，他们大都是在父母的资助下入学读书，大学毕业后参加公务员考试，从一开始就是以从政为目标成长起来的。

虽然这些人学识渊博、才能出众，但他们大都没有咀嚼过人生的酸甜苦辣，没有经过社会人情世故的洗礼，因此并不知晓人性的关键所在。这恰如用糖之人，如果自己都不知其甘味就不可能调理得恰如其分。引导国民的为政者，自身必须是真正经历过人生的酸甜苦辣、知晓人性的人。没有这种经历，仅仅靠学问、才能和理论来施政，就必然会陷入无视人性、脱离实际的专制的泥潭。民主政治是为人民施政的政治，最重要的就是切实地尊重国民的人性，各种政策方略绝不可扭曲人性。另外，民主政治是国民的政治而不是执政者的政治，所以就要依靠国民的合作，通过不断提高国民的人性来提高施政能力。

只要我们彼此的人性没有得到提高，我们就不得不把政治交给那些拥有特殊地位或有权有势之人，如当权者、精英或先贤们，而我们就成了彻头彻尾的追随者。就算我们不依靠他们，而是仅仅依靠我们自己的力量，那也会陷入所谓的众愚政治。所以要推行好的政治，必须提高每个人的人性。要提高人性，就必须振兴教育。所以说，教育对民主政治有着重大的意义。

当今日本号称已经实现了民主政治，但在我看来，实际上还谈不上尊重了人性，而是在推行强权政治。究其原因，就是不论是执政者还是国民对人性的认识都还远远不够。因此要努力，尽可能提高人性，争取早日实现真正的好的民主政治。

民主主义的本质

民主主义的本质在于直接而自然地再现人的本来的面貌，这是真正意义上的人本主义。

一旦顺应自然，发挥人的本质，就会迎来无限的繁荣、和平和幸福。民主主义就是发挥人的本质，创造繁荣的一种主义。

民主主义因国家不同，表现形式各异。应该根据各自的历史和传统，建立起最适合的民主国家。

人的本质得以自然发挥

目前，民主主义有各种各样的定义，也有诸多的阐释。这些暂且不提，按我个人的理解，直截了当地说，在民主主义下，人的本质能够得以直接而自然地发挥。换言之，在民主主义社会，人生来具有的优点会直接而自然地得到发挥。

以前，一讲到民主主义就会提到尊重人权、保障自由、保证平等等。这种说法都没有错，因为如果没有这些，民主主义就会变成空谈。但是尊重人权、保障自由、保证平等只是民主主义成立的基本条件，它们并不是民主主义的本质属性。

那么，民主主义的本质是什么呢？如上所述，是直接而自然地发挥人的本质，即自然赋予人类的本质能够鲜明地发挥作用。

刚刚谈到民主主义的本质在于直接而自然地发挥人的本质，倘若这种观点没有错，那么民主主义就是真正意义上的人本主义。

"人本主义"一词已经在社会上广泛地流传，其定义也有很多种，在这里我不准备对它们进行介绍。我之所以说民主主义是真正的人本主义，是因为人的本质能够得到自然的发挥，能够得到自然而真实的体现。从这个意义上说，民主主义就是人本主义，或者说是人类本然主义、人类本质主义，更浅显一点说是人类成长主义，这些说法或许能够更精确地体现民主主义的本质。

民主主义创造繁荣

前面讲到民主主义是人本主义。接下来我想谈谈民主主义究竟会产生何种影响的问题。若是做了某件事，却不去思考它所带来的影响的话，就无法正确地把握事物的本质。举个汽车的例子来说，通常认为，汽车的本质就是能够快速而轻松地运载人或物，但实际上，仅仅这些还不能完全地表达出汽车的本质。我们思考一下，使用汽车后究竟发生了什么呢？我们看到，汽车的使用让人们的生活变得更为便利，经济活动也更有效率，也就是说经济性得到了提升。如果不看到这些，就谈不上正确地把握了汽车的本质。

同理，我们应该思考，在民主主义环境下，人的本质得到了自然而真实的体现，那么由此又会带来何种影响呢？用一句话来概括就是，民主主义能创造繁荣。原因在于，民主主义能给予人们自由，每个人都能够充分发挥自己的才智和天分。换句话说，一旦实行了民主主义，每个人所拥有的智慧就能有效地发挥作用，这和仅凭一个人的智慧来统治的独裁主义有着根本的区别。

毋庸讳言，人们所拥有的智慧是有限的，将每个人割裂开来，各自有限的才智将不会产生任何效果。但民主主义将每个人的智慧聚集起来，组合成更高层次的智慧，就会有效地推动事物的发展，提高工作效率。

因此，在民主主义环境下，每个人的天分都活跃起来，积极地发挥作用，同时在人类智慧聚集体的作用下，人的本质便可以完全发挥出来，宇宙法则在本质上赋予人类的繁荣就自然能够实现。

在人的本质上，上天已经赋予了人类可以无限繁荣的力量，所以，只要人的本质能够得到发挥，繁荣自然就会实现。所以，正如先前谈到的，要么尊重人权，要么保障自由，要么保证平等等，有关民主主义有着诸多定义，但其实这些都只是民主主义成立的基本条件，真正重要的是民主主义能让人的本质得到发挥，从而迎来繁荣的局面。因此，民主主义是能够创造繁荣的主义，换个说法，民主主义就是繁荣主义。

源于真理的不变的主义

前面，我对民主主义的本质做了一个简单的阐述，并指出民主主义是真正意义上的人本主义，因此它也是繁荣主义。我认为这样看待民主主义具有非常重大的意义。其理由是，一般来说"主义"一词给人一种狭隘的感觉，比如资本主义、社会主义、共产主义、无政府主义，还有人道主义、现实主义、理想主义等，它们都各自有独立的主义，也都是这些相对立的主义中的一个，所以在这种意义上它们给人的印象都是非常狭窄的。

再者，这些主义一定有其历史背景，也就是说它们是在历史潮流中产生的。只要它们置身于历史潮流之中，随着时间的推移，就注定会被另一种主义替代。

用历史的观点看，民主主义和这些主义也没有太大的差别。"德谟克拉西"（民主）一词及其思想在很早以前就已经存在了。今天以美国为中心推行的民主主义，也是以与中世纪封建主义对立的姿态出现的。在这种意义上，民主主义同样是在历史的潮流中产生的，是与封建主义相对立的主义。所以，如果只停留在对民主主义这个名称的认知上，思想就会非常偏激，也会走向极端，进而导致民主主义的堕落和破产，一不小心，可能很快就落个被下一个主义取代的下场。

当然，宇宙是不断生成发展的，人的生活也是日新月异的。因此，各种主义会不断地变化，新的主义和主张会不断地产生。这是自然之理，无须感到惊讶。实际上，为了人类的繁荣，对于这种更替变换，我们不仅无须感到惊讶，反而应该充满期待。但是不论主义和主张如何变化，真理都是不变的。说得绕口一点，在世间存在可以变与不可以变的事物，可以变者必然要变，不可以变者永远都不能变。

用以上观点来研究民主主义，就会发现民主主义的本质中包含非常好的一面，也就是说它是根植于真理的。所以，只停留在事物的表面，那就看不到本质的东西，也就相当于失去了真理。基于上述分析，所以我说民主主义实际就是真正意义上的人本主义、繁荣主义，它是源于真理的不变的主义。

如今，"民主主义"似乎已经成为流行词了，人人都将"民主主义"挂在嘴边。但我在这里论及民主主义决不是为了赶时髦。以前我曾短期造访美国，所见所闻促使我去冷静地思考民主主义的本质，我发现我曾经主张的民主精神在那里体现得非常鲜明,所以我比以往更深切地感受到,为了实现繁荣、和平和幸福,必须牢牢把握住民主主义的本质,在生活的方方面面彻底贯彻民主思想。

在日本,现在还残留着很多封建因素,因此不奢望一朝一夕就能实现民主化,但只要大家齐心协力,就一定会逐渐走上民主化的道路。不久的将来,在道德方面上也会树立起良好的准则规范。

"日本人缺乏自主性"

要使民主主义获得成功,应该具备各种思想,但其中最重要的是每个人都要有完全的自主性。

我去美国的时候,我曾经不止一次地问过那里的年轻人:"你们怎么看待日本人?"

他们都是二十七八岁的年轻上班族,每个人的回答几乎都是相同的。

> 日本人非常顺从,非常让人喜欢,但是好像没有什么自主性。这一点,在日本人对麦克阿瑟司令官的态度上表现得非常清楚。麦克阿瑟元帅是驻日占领当局的最高行政长官。在日本推行占领政策,他当然没有任何理由让千疮百孔的日本情况更加恶化,肯定是希望早日将日本从战争的废墟中解救出来的。他在日本实施的各种政策是在行使战胜国的国际权力,是理所当然的。

虽然站在国际的立场上顺理成章，但在涉及施政的各个具体细节时，还是不能忽视日本人的国民性。实行适合于战败国国民性的占领政策，这对任何一个战败国都是必要的。

从这一点看，可以说麦克阿瑟元帅是个了不起的"日本通"，他可能是实施对日本占领政策的最佳人选。但是，尽管他是个"日本通"，也终究是个美国人，最了解日本人的始终还是日本人自己。

这样看来，对占领当局的施政政策，日本人是可以有自己的意见的。即使其中有百分之五十必须由麦克阿瑟元帅根据国际情势，将对日本的施政政策置于国际的大格局下做出决策，但那余下的百分之五十应该尊重日本人的国民性。因此，尽管麦克阿瑟元帅堪称"日本通"，但他毕竟对日本国内的详情还会有很多不了解的地方，这时，日本人必须主动地告诉他，否则日本的复兴就会滞后。

但是，在这一点上日本人过于顺从，即使他们明明知道麦克阿瑟实施的政策和日本的实际情况相左，却凡事只会唯唯诺诺洗耳恭听。所以日本国民是很可爱的，但又是完全没有自主性的。

同样是战败国，德国人在被推行占领政策时却有着非常明确的自主性。所以西德的战后复兴非常迅速，并顺利地走向了繁荣。和德国人一比较，日本人的特点更加明显。

美国青年的这番话颇具深意。为了在实际生活中实现民主主义，每个国民都必须具有明确的自主性，否则，民主主义就无法真正彻底地得到贯彻。

天皇制和民主主义精神

接下来，我们就应该思考民主主义的表现形式了。民主主义的本质或者说理念是永恒不变的，是万国通用的，但具体表现形式会因国家的不同而不同。

世界上不论哪个国家，都具有自己国家独特的历史和传统，这和每个人的成长过程都不相同是一样的。而且，每个国家的历史和传统中都必然有其合理的部分，是任何人都不能忽视的。因此，不能因为美国民主主义的形式比较成功，其他国家就照抄照搬，这样未必能够获得良好的效果，而且实际上这种情况也是无法实现的。

就拿日本的天皇制来说，战后不久，有人嚷嚷废除天皇制，甚至扬言天皇制是阻碍日本民主化进程的一大因素。虽然在战前，天皇制的形态走向极端，被一些人利用，产生过恶劣影响，但我认为天皇制是在日本漫长的历史和传统中产生的，本身并不是民主主义的对立面。我也就此问了先前的那些美国青年："你们觉得日本的天皇制怎么样？"他们做了大意如下的回答。

> 日本的天皇制是在漫长的历史中形成的，它是当今世界上现存的历史最悠久的传统，是独一无二的，也是很了不起的。如果日本因为有天皇，国民的生活可以过得更加安稳快乐一些，这不是也挺好的吗？当然，这只能在日本

人发自内心地彻底接受民主主义时才能实现，一旦民主主义不彻底，就有可能发生天皇制被人利用的情况，这一点是日本人一定要提防的。

不管怎样，你们有一个美国想造都造不出来的世界独一无二的天皇制，也拥有不断将其发扬光大的各种可能。我们认为可以将天皇的存在看作一项了不起的艺术，日本人对这项艺术的存在价值必须有一个清醒的认识。是否将天皇制视为一种有价值的艺术性存在，这将影响日本人自身实现民主化的能力。

事实上，就日本天皇制做一些思考，有时是一种无奈的选择，并且觉得是一种负担。我认为，倘若我们将其放在整个历史的长河中去讨论，我觉得天皇制一直以来还是重民心、施仁政。所以，虽然它的形式是建立在封建制度之上的，但其本质蕴含着民主主义精神。

从这一点来说，天皇制绝非和民主主义相背离，相反，还可以将其发扬光大，并把它视为日本悠久历史中所创造出来的一种伟大艺术更为贴切。这样做也更有利于民主主义思想在日本的实现。

实现国际的民主主义

上述案例只不过是一个例子而已。我想说的是，日本的民主主义有其自身的表现形式。

就是说，民主主义的本质或者说理念是唯一的，其表现形式却可以因各国的历史和传统不同而各不相同。每个国家根据自身情况确立最适合本国国情的民主主义，对于实现生活的民主化是至关重要的。

综上所述，民主主义的本质是真正意义上的人本主义，同时也是繁荣主义，我们不应该仅仅停留在文字的表面，而必须牢牢地把握它的本质。同时，在谋求民主化的过程中，各自在保持完全的自主性的同时，应该建立最适合自己国家国情的民主主义，因为国家不同民主主义的表现方式各异。

事实上，世界上民主化的进程依然任重而道远，我也并不认为美国的民主主义就是最完美的。但是，就美国一个国家自身的民主化，就为这个国家创造了如此的繁荣，我想，如果世界所有的国家都各自走上了适合本国国情的民主化道路，全世界连成一体，实现世界性的民主主义，那么人类将发展到何种地步、繁荣到何种程度是无可估量的。

所以，我们彼此必须牢牢地把握民主主义的本质，为实现无限的繁荣、和平和幸福，在生活的各个方面都要谋求彻彻底底的民主化。

政治的责任

每一个公民都负有管理民主主义国家的基本责任。我们必须始终如一地对政治抱有强烈的责任感和明确的诉求。

实际承担理政职责的是国会议员。因此我们公民承担政治责任的最重要的工作就是投票选举国会议员。所以我们要负起责任,始终对议员选举保持强烈的关注。

我们彼此不能只顾自己的立场,而应以素直之心,着眼大局,选出理想的国会议员,为构建繁荣社会而努力。

选举中责任的缺失

　　管理国家的责任在于每个国民。在新宪法出台之前，日本的主权在天皇手里，但如今新宪法确立了主权在民的制度，一切责任也归于国民。这些虽然都已是众所周知的再清楚不过的事实，但由于人们长期受习惯概念和固定观念的影响，几乎没有在实践中落实。因此现在应该认真反思，清醒地认识到管理国家的重担落在我们国民的肩上，大家对政治要抱有强烈的责任感，不断提高自身水平，从而实行没有差错的政治政策。

　　在国民参与管理国家方面，最有直接关系的重大问题就是国会议员的选举。但从日本的现状看，国民对此事既漠不关心又没有责任意识，依然抱着和旧宪法时代同样的心态参与投票选举。自己要投票选举的人实际上有多少见识，多少能量，多少经验，在投票前几乎没有了解，这个人当选后也没有通过国会的相关活动对其进行任何研究。

　　例如，我的一位朋友，在之前选举的时候，所在的地区有二十几位候选人，他们每天进行竞选演说，但二十多人的演说，投票人不可能每个都去听，所以究竟哪一个候选人最适合完全不知道。但如果不行使选举权又不能履行一个国民的义务。投票日越来越近，正好这时收到一张候选人寄的明信片，所以便把票投给了他。诸如此类的情况实际非常普遍。这样一来，国民根本就不清楚所选出的国会议员的政治才能与人品，因此靠这些国会议员来执政是不可能实现国民所期待的政治愿景的。这不仅是没有尽到一个国民的责任问题，也会给自身带来不幸。

因此，我们必须清醒地认识到应该彻底地履行自己所承担的责任，尽全力选举出国会议员，由此产生好的政治，只有这样才能构建繁荣的社会，实现和平、幸福的生活。

接下来就是如何选举国会议员的问题，这是非常难的一个问题，每个人不能只顾个人的利益，抱有个人的偏见，而应该以素直之心，顾全大局的态度进行表决。无论是资本家、工人还是农民，都不能只顾自己的立场，而应该去判断每位候选人的主张是否会给社会带来繁荣与和平，是否真正正确。

国会议员并不是仅仅代表自己的个人利益或某个地方的利益，是代表我们为了国家商讨国政。所以，即使一个候选人的主张对自己的生意有影响，但只要他是一个能帮助日本走上繁荣之路的合适人选，投票人就应该抛弃个人立场去支持他的主张；另外，投票人与某位候选人虽然没有什么交集，但只要认定他是一个德才兼备之人，就应该坦诚地支持他。这里，素直之心非常重要，是就是，非就非，投票人必须有坦诚的是非观念，才会有理想的选举，也才能选出理想的国会议员。

切忌偏重党派利益

在目前的选举中，几乎没有看到以素直之心来顾全大局的情景。多数情况是，投票人都站在自己的立场上（如自己是工人还是资本家），或根据自己是否与候选人有个人关系来进行选举，即所谓的"派别"左右着选举，完全忘记了能否给社会带来繁荣、和平和幸福的立场和目标。

国会议员既然是依靠派别被选举出来的，当然也只能唯派别之命是从。还有，这些国会议员大多隶属于某个党派，有些议员受党章制约，只保护所属党派的利益，从而迷失了追求繁荣、和平和幸福的方向。归根结底，党只是一个为实现更高的繁荣、和平和幸福而组建的权宜集团。我们生来既不是自由党，也不是社会党，也不可能天生就是。大家必须站在更高的立场研究事物，这样才能真正掌握真理。

据说，在美国的议会中，共和党国会议员有时会给民主党的主张投支持票，民主党国会议员有时也会赞成共和党的主张。针对一个具体的议案，这样的事情是完全可能的。一名议员，即便属于某个党派，也应该顾全大局，不受党派利益及党派主张的制约，只要认为某个议案对建设繁荣社会有益，就应该去支持它。不论是共产党的国会议员，还是自由党的国会议员，在保持各自党派立场的同时，有时也应该抛开党派立场，从更广泛的人类立场，或者一个社会人的立场来进行判断。只有这样才能产生好的政治。

但是想要国会议员这样从政，就先需要国民以一颗素直之心来选举国会议员，这是最根本的问题。只有这样，才会有合理的判断和信任，并通过这样的判断和信任让民主政治逐步开花结果，不久就能建立起一个名副其实的文明国家。

文明国家的条件

那么，所谓的文明国家，究竟是一幅什么图景？一般的浅显认识是：艺术发达，经济活跃，政通人和。但我觉得要称得上文明国家，至少应该具备以下三个条件：

一、人人自由；

二、秩序井然；

三、社会在不断生成发展。

作为一个文明国家，人人要有自由，要让人少受法律的约束，每个人都能够自由自在地工作。当然，并不是说少了约束就你争我夺，相互竞争，扰乱秩序，而是即便没有约束，彼此仍然保持秩序井然。而且，社会每天都在进步，生活变得更加便利，国民全体在不断地生成发展。

回过头来看一看日本，自由空间非常狭窄，经济主要命脉受到统管，日常的一些小事都会受到法律的约束。秩序也好不到哪里去，看看上下电车时的情景，看看在报纸上引起轰动的一些事件，就可以知道日本绝不是一个秩序井然的国家。再看看生成发展的情况：国家重建停滞不前，在财政上陷入窘境。这些情景距离我们追求的文化国家相去甚远，应该说文化水平还非常低。

但努力让国家变得繁荣富强是我们每个国民的责任。能否构建民心所向的文明国家，重担最终还是落在我们的肩上。换句话说，文明国家的构建取决于我们自己。

从这点上来说，我们必须成为一个拥有素直之心的人，在此基础上提升自己的才能、丰富自己的知识，一切才能真正地发挥作用，才能把握事物的本质。如果明白这些道理，就能正确地辨别事物的正邪真伪，合适与否，从而采取符合道理的行动，行为举止也就变得更有修养。

由此可见，如果我们都能培养素直之心，提高自己的修养，就能促进国家整体文化的发展，就能够构建一个物质富裕、精神富有的宜居社会。

政治家的职责

只要能促进社会繁荣,各行各业都是平等的。每一种职业都是自然给予人的天职,所以不存在尊卑之别。

政治家肩负着充分发挥国民作用的重任,因此政治家的威信及其职业格外受到尊重。

国民应该熟知政治家的职责,理解主权在民的本意,对政治家提出有力的诉求。由此就会实现好的政治和繁荣的社会。

职业的本质

在谈政治家的这个职业之前，先扼要地阐述一下职业本质的问题。

人生在世，一定会从事某种职业，从事某种工作，这是非常自然的事情。如今随着社会结构的复杂化，职业也变得千差万别，种类繁多。但不管种类有多少，只要有益于社会繁荣，就都是平等的，丝毫不存在贵贱之分。

总统、医生、商人都是平等的，他们都以创造繁荣的社会为目标，这是自然赋予人的天职，根本不存在尊卑之别、贵贱之分。比如钟表既有长针也有短针，既有大齿轮也有小齿轮，钟表越精密机械越复杂，零部件的个数也就越多。

然而，不论一个齿轮有多小，缺少它钟表就无法走动，也就是说，缺少任何一个零部件，钟表就不起任何作用了。从这个意义上来说，齿轮无论大小都是平等的。换句话说，对于钟表这个机械，所有零部件都是不可缺少的，它们都是平等的。

与钟表同理，对于促进社会繁荣的目的来说，每个职业都是不可缺少的，都是平等的，只是职责不同而已。总统的职责和商人的职责就明显不同。拿刚刚钟表的例子来说，所有的零部件都是平等的，但其作用各异。也就是说，时针有时针的作用，齿轮有齿轮的作用。

各自职责不同，在工作中承担的责任也就不同。若是一般的工作，即便有些失误，也不会对工作产生重大的影响；但如果总统在工作上出现失误，可能就会招致国破家亡的严重后果；而医生的误诊则可能会造成患者失去生命的后果。

由此可见，职业本来是平等的，但由于各自职业的不同所以各自的工作形态也随之不同，由于工作形态不同各自的职责又会产生区别。这就需要大家互相认可由工作形态差异而导致的职责的差异，相互尊重。这就是礼。大家都遵守礼法，社会的秩序也就有了保障。

在封建时代，人们都是在上下尊卑的观念下承认和尊重彼此的职责的。当时并没有职业生来平等的认识，因此彼此的职责认可直接和尊卑观念联系在了一起。这是极端错误的。

职业没有尊卑之别。但为了保证社会秩序，作为社会的润滑剂，我们必须遵守礼法，以礼相待，互认彼此的职责。这是人类才有的文化，是人与动物的区别。

政治家的重大职责

上一节谈了职责的本质和职业的差异问题，下面我再来谈一谈政治家的职业问题。

从本质上说，政治家这个职业如前所述，与所有其他职业是处于平等地位的。政治家和从事其他职业的人本来都是平等的，他们之间既没有贵贱之分，也没有尊卑之别。

但政治家这一职业又有不同之处，它的职业分工或者说职责是非常重大的。大凡称之为政治家的，实际就是个负责人，目的是协调国民相互之间的作用并使其进一步发展。任何集体如果没有负责人，就无法顺利地开展工作。更何况在国家这么大的集体中，形形色色的人从事纷繁复杂的工作，如果没有一个负责人来协调国民相互之间的职能，使他们的辛勤劳动真正发挥作用，那么国民的生活水平就无法提升，因而也就不会繁荣。担当这个责任的人就是政治家。

因此，政治家作为国民的代言人，要深谙民情，要让国民能够快乐地工作，彼此的辛勤劳动要得到有效的利用，并由此带来社会的繁荣。政治家要有使命感，无微不至用心行事，事事协调布置，所以他们绝不是脱离国民的特殊阶层。

从这个意义上说，政治家和其他职业的人都是平等的，都是社会不可或缺的一种职业，他们之间没有任何尊卑之别。只是政治家肩负的职责非常重大，它决定了国民的劳动成果能否充分发挥作用。正因为如此，政治家这份职业备受国民的瞩目和期待，其一举一动都格外受到关注。夸张一点，对于国民来说，政治家的一举一动会直接或间接地影响自己的繁荣。所以政治家备受关注可谓是再自然不过的事了。但是，正因为承担重大的职责，备受全民的瞩目和期待，他的工作才有价值，同时才能树立起威信。政治家被特殊尊敬的理由也正是其职责之重大。

政治家受到特别的关注并非因为背靠国家权力。权力只是为了方便政治家能有效而迅速地处理工作，是由国民的共同意志赋予的。

如果没有搞清这一点，就会错误地认为政治家是拥有某种特别权力的人，政治家统治国民，国民必须服从政治家。这种思想一旦变为一种社会共识，便会诞生封建主义。

所以，希望大家都能正确地认识到，政治家备受关注并非因为背靠国家权力，而是由于其职责之重大，承担着能否充分发挥国民作用的重大使命。

与职责相符的待遇

前面刚刚谈了政治家的职责，政治家必须对自己的职责有正确的认识，最大限度地努力发挥自身的威信。与此同时国民也要给予政治家最大的敬意，不遗余力地配合政治家执政。并且，应该给予从事如此重大工作的政治家以相应的待遇。这里所说的待遇，不仅是物质方面的，也包含精神方面的，但我认为最难的问题还是"待遇的合理化"。一旦没有给予他们合理的待遇，就无法充分发挥他们的作用。古人云："穷则乱。"人一旦没能享受满意的待遇，行动的积极性就会降低。这就是人之常情。当然我们希望"穷而不乱"，但人性中"穷则乱"是一种普遍现象。

因此，倘若国民希望政治家能充分发挥他们的作用，避免后顾之忧，那么就应该给予政治家相应的待遇。明治时代曾涌现出一大批伟大的政治家，使日本走上繁荣的道路。原因是多方面的，但从待遇上看，不论是物质上还是精神上都十分丰厚，不仅是政治家，公职人员也是如此。因此要形成良好的政治局面，必须高度重视政治家和公职人员的待遇问题。

现今，政治家和公职人员并没有享受到与职责相符的待遇，只是一味地强调他们的责任，从人性的角度出发，他们是无法做到没有丝毫怨言而愉快地工作的，出现懈怠情绪也就不难理解。看一看日本的现状，这种感慨更深。

对政治的强烈愿望

今天日本的政治没有得到强有力的发展，其原因不单单是待遇方面的问题，还在于国民没有正确地认识到民主政治的本质，对政治漠不关心。

如果说政治家为尽其职责必须着力做什么，那就是在主权在民的今天，执政必须以国民的意志为根本。因此国民基于主权在民的真意，培养各自的政治见识，不断提出强有力的诉求，才能充分发挥政治家的作用。

如果希望政治家和公职人员能推行良政，一定要解决好他们的待遇问题。但在如今的日本，如上所述，先要解决的问题是努力培养国民的政治见识，提出强有力的诉求，这也是国民协助政治家最好的且是唯一的途径。

以上，以"政治家的职责"为标题，简单地论及了职业的本质和职责的不同，谈到了政治家这个职业和政治家备受尊重的理由，也谈到了政治家的待遇问题以及正确认识主权在民的重要性。

实现繁荣的因素有多种，而政治环境的优劣影响是最大的。通过树立对政治家的正确认识，充分发挥政治家的作用，才能努力实现日本的真正繁荣。

公职人员的待遇

公职人员是国民的公仆，国民应该努力改善公职人员的待遇。

公职人员的任务非常重大，甚至可以左右国民的生活。一旦待遇不理想便会影响其使命的达成，甚至造成全体国民陷入不幸的后果。

要提高待遇就必须减少政治上的无效劳动，避免人浮于事、效率低下以及机构臃肿等，减轻国家负担，才能给予公职人员良好的待遇。

公职人员的待遇不理想

大到国家兴隆,小到公司、商店的繁荣,最大的要素之一就是"待遇的合理化"问题。日本自明治时代以来,获得了惊人的发展,想一想给那些为此做出贡献的人的待遇,按当时物价水准来看是相当丰厚的。以1877年前后的情况看,一升米的价格大概是八九钱,大臣的年薪接近八千日元,如果换成米来计算,就是一千石。假如时下①一升米的定价为八十八日元,那么就相当于年薪八百八十万日元。如此看来,在明治时期对于那些承担了管理国家的重大职责的人,是给予了足以让他们完成使命的丰厚待遇的。不仅是物质方面的,精神方面也给予了优厚的待遇,因此这些优秀的人为国家的发展殚精竭虑,鞠躬尽瘁,取得了无数丰功伟业。

我们再看今天,作为主权在民的民主主义国家,国民请公职人员工作,给予公职人员待遇这个责任就完全落在了每个国民身上。而提高公职人员的待遇是政治上的核心问题,因此我们国民应该认真考虑这个问题。既然公职人员作为一名公仆在工作,国民为他们解除后顾之忧,就应该支付给他们足够的薪金。

以前,处于领导地位的人被要求不应该追求个人物质上的享受,而应该超越个人私欲,甘愿清贫,为国家为民众尽心尽

---

① 本书成文时间为1948—1952年,这里的"时下"指的是这段时间。——译者注

力，并以此为傲。而国民也将这样的人物视为尊敬的对象。

但是，我们不能不顾及现实的生活。一个国家的领导人，要履行重大的职责，物质上、经济上的花费是必需的。这些费用必须由国家来支付，由国民来承担。如今，政治越来越复杂，责任也越来越重大，工作压力倍增，相应的待遇却没有跟上，只是一味地强调工作中的责任。在这种状态下，恐怕任何人都难以很好地开展工作。

当然，有人享受着高薪却不做好事，也有人待遇很低却在拼命工作。但这些只是例外。绝大多数人还是有了好的待遇后就不做坏事。其实，没有得到某种程度的待遇，就不能做好一份工作。这是人的本性。现在日本公职人员的待遇不是很理想，很多工作无法得到顺利开展的根本原因之一其实就在这里。即便是修养高见识广博之人，也会为日常生计奔波，而不能专心致志地工作。即便地位很高，但薪金不足以和其承担的责任相匹配，有失体面，也会感到十分苦恼。这时一旦诱惑来临，只要不是特别杰出的人物都不会拒绝，如此一来要保证廉洁的政治实在是难上加难。所以就算如今频频爆发贪污腐败的丑闻，也不能只一味地声讨官员。

作为国民，要认识到这一点，注意提高公职人员的待遇。公职人员也要审视日本的现状，国民哪怕只做出了一点点要提高公职人员待遇的好意，公职人员也要把握住这番好意，加以回报。只有这样，才能夯实日本重建的基础。如果因为日本是战败国，认为凡事都没有自由是理所当然的，因而不去改变公职人员待遇偏低的现状，那日本的政治就会走上越来越恶化的道路。

人员冗余、机构臃肿

那么，现在的问题是究竟能否提高公职人员的待遇呢？事实上，以最近闹得沸沸扬扬的基本工资问题为例，国家人事部门认为如果达不到这个工资水平恐怕很难保证工作，但内阁表示以现在的财政状况实在无法提高薪金，如果非要提薪，要么提高税收，要么给国营企业增值，按国民目前的负担能力这是不可能实现的。政府也非常伤脑筋。现在的实际情况就是即使想提高公职人员的待遇也没有办法。这当然是个难题。但难题的出现是因为对公职现状不做任何改变，就想在保持固有体制下提高其待遇。

我们看看日本的政治现状，实在是浪费惊人。先是人员冗余。现在国民人数和公职人员的数量比是11∶1。公职人员的冗余反而导致工作效率低下，通过适当的裁减人员，可以提高每个人的工作效率，增加劳动成果。同时，通过减员，还可以节省经费。节省下来的经费一来可以用于减轻国民的税收，二来可以用来改善公职人员的待遇。另外，失去公职的人可以在民间开拓自己的事业，从而也为国家的繁荣开辟了一条道路。

还有机构臃肿。现在日本的政治机构非常复杂，很多都是叠床架屋，重复设置。一味地叠加机构，却不用心梳理整合现有的机构。为了推动文化的发展，不断提高国民生活水平，要认真研究哪些机构是必需的，哪些机构是可以裁撤的。通过精简机构，三个人的工作一个人就可以完成好。另外，国营企业也需要研究,该转到民营的最好民营化,这一方面可以减轻国民的负担,另一方面还可以提高工作效率。

通过精简人员、机构和工作中的冗余低效部分,国家的负担减轻了,政治效率也可以显著提升。这不仅可以有效地用人,还能提高工作成果,使财政有富余,从而在减轻国民负担的同时提高公职人员的待遇。政治越来越趋于清明,繁荣、和平和幸福的生活才会实现。

税收的公平

税收是国家运营的财政基础。因此国民有完全的纳税义务。

若国家在大灾大难时，仍无视民心课以重税，会削弱国民对国家对社会履行义务的观念，最终导致社会道德的退化。

执政者应该合理地支配国家财政，千方百计地探索低税率条件下增加国库收入的途径。这是国家繁荣的根基。

人性化的税率限度

维持国家财政的中枢就是税收。只有国民完全地履行了纳税义务，国家财政状况才能健康良好，国家的管理才能正常有序。纳税同时也关系国民的个人福利，能促进共同生活的发展。因此没有人对纳税提出异议。然而近来对于税负沉重，不合理征税、政府公信力下降等的不满越来越强烈。在历届选举中，各政党倡导减税，似乎总能成为国民热议的话题。现在在这里谈这个话题感觉有些为时已晚，但税收问题是一个长远的问题，并非可以轻易解决的。它是国民对国家的一种持续的诉求，体现出执政者管理国家的一种理念，因此应该认真思考税收。基于这些想法，我才在这里提出这一问题。

从日本的现状来看，我们必须老老实实地纳税，为了国家的复兴和我们的发展，必须尽可能地承担责任。这是人之常情。区别在于是自愿纳税还是带着不满纳税。如果无论怎么工作，收入的大部分都要交给国家的话，工作便没有了任何意义。如果人的精神能像神一样的话，那么无论税率多高，大概都不会有意见吧。但只要是人，只要是人的本质不变，谁都不会心甘情愿为了纳税而牺牲自己的生活。牺牲就意味着和人所具有的本能欲望相悖，有好处的事情人人都想做，一旦涉及扼杀人的欲望的事情，心中就会产生纠葛，产生纠葛就会引起不满。与此相反，如果一件事在有益于国家的同时又能满足个人的欲望，人就会发挥最大的活力和最优的才能，这就是人的本性。因此不论怎样弘扬国家道义，倘若其道义不符合人的本性，那么这种道义既不会发挥作用，也不能完成其使命。所以在确定税率的时候，应该充分考虑这个情况。由于时代、国民生活水平或国情的差异，情况或多或少有些不同，但在大致的限度上都是相通的。这就是站在人性的角度，也就是在确保能进一步提高工作热情的情况下来确定税率的最高限额，这应该是决定税率的根本准则。

但若税率特别高，在纳税后甚至出现了生活困难的情况，人为了生活就必定会想尽办法，无可奈何时就会逃税。这一旦形成慢性问题，觉得逃税不会有别人说的那么严重，甚至在日常闲谈中成为人们满不在乎的谈资，那么国家的前途就危在旦夕了。这样一来，认真纳税的人就会越来越少，最终导致人的善意逐渐丧失，社会道德日益恶化。

明辨人情世故的奥秘

现在，为了国家复兴，国家制定了很多计划，有一些计划是必须在一定期间内完成的。这需要巨额的资金。这些资金都需要通过征税来筹集。这种情况下，执政者自然不会根据理性来决定税率，而采用临时性的高额税率。这时，能够洞察民心的政治上的远见卓识就显得特别重要。

临时增税不是一种常态。会让国民丧失工作热情的事情绝对不能做。越是需要由国家来完成大型工程的时候，越应当采取实质性的减税措施，而不是一味地让国民发愤图强，努力奋斗。或许会有人反对我的提法，但我认为按照我的想法，事情是可以获得成功的！当然，单靠减税无法实现这个目标，这需要一种远见，一份信任。

比如，现在国家要制定振兴产业的五年规划，假设需要上千亿日元的资金，必须依靠国民来承担，因而国家只能提高税收。虽然，国民辛辛苦苦创造出来的财富都被拿出来缴税非常残忍，但国家需要上千亿日元的资金，目前的情况又不能从国外获得贷款，所以只能向国民借钱。如果税率是三成就再多提高三成，以此筹措资金。假设用这些资金完成了建设规划，基础设施得到完善，最后国民的创业条件得到了改善，工作热情也会高涨，进而带动经济活动越来越活跃，国家财富随之增加。这实际上相当于增加了国民的收入。也就是说，由于国民给国家投资一千亿日元，国家的收益会成倍增加，所以希望国家能承诺，在计划完成后，如果收益翻倍则要返还一半给纳税人，并且约定将这个承诺写进文件。如此就可以在征得大家的同意后临时性地征收高额税金。

实际上，政府将上千亿日元的资金投入一项规划，不可能不会带来某种形式的财富增长。政府如果在提高税率前事先承诺会返还一半的利益，并且在完成计划之后还会降低之前提高的税率，那么任何一个国民都会很乐意把钱存到政府那里。纳税有返还，这和把钱存在银行里没什么两样，这样做，在保持财富不缩水的同时，还能为促进国家的幸福与和平的事业做贡献，因此大家一定会十分乐意努力纳税。从政府的角度来讲，因为承诺了必须偿还国民的借款，所以在推进项目时，即使建一个设施都会周密计划，谨慎行事，避免出错，并为了提高效益而竭尽全力。国民也是一样，税率虽然提高了，但并没有失去工作的热情，反而会越发埋头苦干。

如果政府不做任何的减税承诺，只是强调国家需要钱你们必须交，那是没办法得到国民的认可的，况且这钱要缴纳到什么程度，谁心里都没底，国民内心会充满不安。最近似乎有一种倾向，以为国家向国民收取税金是一种当然的特权。征税机关也是调门高亢，态度蛮横，觉得国民负担国家费用是天经地义之事。我认为，一旦这种倾向占据上风，民主主义国家的建设将是一纸空文。

关注税收的流向

国民应该对税收有正确的认识，特别是对国家财政应该抱有强烈的关心，监督税金的流向，阐述自己的意见。

关于这方面的内容，我以前读过一本书，说是某人在旅居英国的时候，收到了来自工商部的一封信，信封正面划掉了"农商部"的名字，重新盖了一个"工商部"的橡皮章。这是英国政府机构名称变更的缘故。此人嘴里嘟囔着："看来英国也没少受战争之苦，连信封都用废纸！"在旅馆打工的阿姨在一旁听后回应说："你怎么讲话呢？就算是一个信封，也是来自我们国家纳税人的钱，政府节约用纸有什么不对的？"这位阿姨清醒地认识到政府用的一个信封都是用国民的税金换来的，而且将"我们国家"这种民主观念深深铭记于心，紧紧盯着税金的流向。

日本人在纳税前也是很挑剔的，而一旦纳完税，税金用在什么地方似乎就不那么关心了。像昭电贿赂案①，或一部分政治家将税金用作政治斗争的工具，白白浪费在对国民没有任何益处的地方，等等，几乎没有人过问。现在社会上类似的案例也相当多。不仅税金的使用有问题，而且日本的财政也存在大量的浪费。这恐怕是各省各自为政的宗派主义和争夺预算的方针造成的弊端。但是，无论何时，我们始终要牢记，国家的每一分支出，都是我们在"掏腰包"。

不论是执政者还是普通国民，都有必要进一步加强学习经济学知识，否则对税收的使用就难以形成正确的认识。以前，政治家非常缺乏经济常识，他们在以权力为中心的政治形态下积累了相当丰富的经验，但在权力受到限制，转而以经济为中心的民主政治下管理国家，他们究竟有多少经验和知识，实际是让人非常担心的。而普通国民的情况只会更加严重。因此，我们每个人都必须进一步努力掌握经济知识。在经济成了政治核心的今天，如果日本在经济上不稳定，就无法获得繁荣、和平和幸福。所有的国民都应该履行纳税的义务，但政府制定税收政策时应该让纳税人在纳税后仍有一些盈余。只有这样，国民的精神才会越来越富有，社会也越来越光明。这是民心所向。但按以前的想法和做法根本无法实现。

---

① 二战后，昭和电工利用从复兴金融金库接受融资之际，用大量金钱向政治家行贿。事发后，众多政界和财界的涉嫌贿赂的相关人员被逮捕、起诉。

对浪费的追责

全体国民必须先持续营造减税的社会舆论。如果诉求强烈，舆情激烈，执政者就会认真地探讨具体的减税方法，并仔细研究怎样才能减少国家财政支出。这时，他们就必然会注意浪费的问题。其实，这些道理每个执政者也都心知肚明，只是不能够执行罢了。因为他们能够预见到会有强烈的抵触，害怕引起摩擦，所以对减税一直犹豫不定。如果总是犹豫不定，不论到什么时候国家财政就都无法改善，浪费问题就会一直存在。因此，如果大造减税的社会舆论，迫使执政者鼓起勇气断然执行，税负水平就会逐渐地趋于合理。

其实，即便大家关注着税收的流向，而无法从根本上知道浪费在了哪里的话，那将是毫无意义的。因此，我们必须有真诚的态度，用素直之心来看待一切事物。这也是教育的责任。只有培养出素直之心，才能分辨事物的真相，才会正确判断是非。素直之心一旦在国民心中渐渐渗透扎根，就会促使税率逐渐趋于合理，政治形态也会逐渐得到改善，国家的繁荣也就随之到来。

总之，目前我们还不得不忍受高税收之苦。这可以看作一种宿命。但不能因为是宿命，就甘愿忍受，我们必须认识到，通过正确的思想和努力，宿命也是可以改变的。这是让税收走向合理化的第一步。

宪法的渊源

宪法是国家的根本大法,是一切法律的基础,同时又维护着国民的生活秩序。

宪法的基本精神是人类共有的,是永恒不变的。因此必须从自然秩序中找寻它的渊源。

宪法只要不脱离其基本精神,可以根据国家传统和时势变迁做出修改。我们必须在永恒不变的宪法精神基础上,斟酌不断变动的时代精神,制定契合本国国情的宪法。

真理永恒不变

近来，大家又在讨论各种修宪问题。我们接受的教育告诉我们明治宪法是永不磨灭的大典，我们也一直对此深信不疑，但战后还是被断然修订了。然而修宪没几年，现在又讨论修宪问题，这会让国民对宪法失去信任感，同时也会滋生轻视宪法尊严的倾向。

当然，客观形势每时每刻都在变化。在如今这样复杂的世界形势中，很容易发生意想不到的骤变。因此，为了适应客观形势的变化，不管人们是否愿意，已经制定好的法律有时也需要改变。同时，制定法律前不管考虑得多周全，法律终究是由人来制定的，因此无法一次性就能制定出完美无缺的法律。随着人类智慧的增进，为了补充现行法律中的不足之处，就需要不断地对其加以修改。所以修改本身并没有什么不当之处，反而通过修改会不断产生新的事物，走上生成发展的道路。关键在于修改的方法，换句话说，是我们修宪的思想存在很大的问题。

的确，社会时时刻刻都在变化，在永不停息地变动。正因为如此，人的思想才会推陈出新，社会才充满活力。但不管社会如何变，居于社会根底的，或者说在社会生活中发挥作用的真理丝毫不会改变。真理是永恒的，不论社会怎么变，真理的运行都不会有丝毫变化。当然由于人的智慧发展不够成熟，对真理的解释会因人而异，因时代不同而不同。换句话说，人的观点因人因时代会各有不同。但这只是人的思想在变,不是真理在变。真理就是真理,在任何社会都是不变的。

因此,一切事物每天都可以有变化,而且必须变化。但我们必须认清的是,真理是永恒不变的。换言之,我们必须清醒地认识到,只有以宇宙秩序为永恒不变的根本,在此基础上因势利导,才能接近真理。否则,人类生活的根本、贯穿生活的基本原理就不存在了。

这是在讨论修宪问题时应该优先考虑的一点。在这里,我们不谈宪法中的具体条文,只是想强调对不变真理的态度。

宪法是国家的根本大法,国民生活的基本秩序要由它来维持。拿房屋来说,就像用来支撑的承重柱脚,如果柱脚不稳,摇摇晃晃,那么房子难保其成,在房屋建筑中,承重柱脚必须做得最牢固。

为何需要法律

法律有各种类型,民法、刑法、商法等。细细算起来,有几十种上百种之多。这些法律都要在宪法中寻找根据,也就是说,宪法是这些法律的核心。宪法明确了一个国家的立国精神和管理国家的根本原则。正因为如此,宪法是一切法律的基础,具有国家基本法、根本法的性质,维护着国民生活的基本秩序。

那么为什么需要这样一部法律呢?在"国家与世界"一节中,我说过国家要有国家的秩序,为了保障集体生活的秩序,即国家的秩序,需要有法律这么一个框架。比如拿一个拥有成百上千员工，且具有各种各样工作岗位的公司来说，如果既没有任何秩序，也没有责任划分，整个工作就会杂乱无章，认真工作的人也会受到不认真工作的人的影响。因此无论如何都需要秩序。为了维护秩序就需要建立组织，为了使组织顺利地开展工作，就需要制定各种规章制度，确立各种赏罚的方法。

这就是单位规则、店铺规则，或者称作公司的规章制度。不论员工负责什么样的工作，如果都按公司的规章制度做事，自然而然就会形成公司的秩序。诚然，这些规则都不是束缚员工，而是为了每个人都能不受他人的打扰、专心致志地从事自己的工作而制定的。对于工作认真的人来说，这反而更轻松更自由。

法律恰似这些规则，倘若国民生活没有秩序，社会发展就不会顺利。为了维护社会秩序，就需要制定法律。法律不是为了让国民失去自由，不会束缚国民的生活，它是为了规定每个人的权利和义务，从而让每个人能够自由行动而制定的。法律的本质就在这里。

综上所述，法律是为了维持国民生活秩序，其中宪法是一切法律的基础，是国家秩序的根基，我们对此必须有清醒的认识。

宪法的根本精神是人类共有的，永恒不变的。宪法的渊源必须在自然秩序、宇宙秩序中寻找。但这里所说的自然，并不单单是指肉眼看得见的自然界的现象，还包含了作用于人们思想、看不见的宇宙秩序。正像自然界的秩序永恒不变一样，宇宙根源之力所赋予的精神法则同样不以时间、地点而转移，对所有的人都发挥着同样的作用。自然秩序包含了这一切，我们也称之为宇宙秩序。宪法作为国家的基本法，要确立人类共同的、永恒不变的根本精神，必须从自然秩序中寻找渊源。

宇宙秩序就是一部宇宙宪法

毋庸讳言，从古至今人类的智慧都在显著增长。在这些条件的作用下，对自然秩序的研究逐渐明朗，人的生活也越来越富足。然而这种变化似乎更偏向于物质层面。物质的丰富当然是人类生活中不可缺少的，并且今后还会不断地发展。我们创造出了如此丰富的物质生活，而精神生活或者说思想层面却比物质生活逊色很多。

如果日本和美国相比，在物质方面确实显得贫困。但贫困归贫困，如果和明治时代的日本相比，现在既有电灯又有电车和火车，还是有了相当程度的进步。但在思想层面即在精神生活上，我们是否取得了与物质生活同等的进步，是要打上大大的问号的，有时甚至可以认为实际上是在倒退。

基督教和佛教已经诞生几千年了，时至今日我们依然要向耶稣和释迦牟尼请教。当然，我并不是说我们不再需要耶稣和释迦牟尼的教导。在这些教导中包含着宝贵的真理，我们要时时刻刻对此怀有恭谨敬重之心。然而今天，在自然科学方面，连小学生都已熟知牛顿定律，而且在此基础上，新的研究和发现层出不穷。看到这种情景，我就想，我们在精神层面，是不是人人都可以成为耶稣和释迦牟尼那样的人——这或许说得有些极端，但我觉得我们至少要在圣人教诲的基础上，对真理有新的理解，有新的进步。

要使宪法真正成为国家秩序的根基，就必须弄清楚上面阐述的自然秩序，特别是精神秩序或者说思想法则，从中探究其渊源。自然秩序是永恒不变的，那么以此为基础制定的宪法也是不变的真理。换言之，宇宙秩序就是一部不成文的宇宙宪法，人类必须遵照这部不成文的宪法来制定世界宪法。

当今，似乎有些人在推动世界宪法的制定，但尚未达到起草、实施的阶段。目前，各个国家都在根据自己的国情制定本国的宪法。由于各国有各国特定的历史，特定的政体，所以落实到具体的宪法条文，每个国家都会有所不同。但只要宪法的根本精神源自自然秩序，那它们就都是人类共有的，是永恒不变的。因此，如同国家宪法维持国家秩序一样，制定一部维持世界秩序的世界宪法也不是不可能的。通过人类的努力，在不久的将来，或许能达成一部完美的世界宪法。

关于修宪的观点

以上内容讲的是，宪法是国家的根本大法，是一切法律的基础，同时又维护着国民生活秩序。宪法的基本精神是人类共有的，是永恒不变的。因此必须从自然秩序中寻求它的渊源。

话又说回来，宪法的根本精神虽说是永恒不变的，但并不是说宪法一旦制定就永远都不能改。正像一开始论及的那样，一切事物每天都在变化之中，只要不背离宪法的根本精神，叫以根据时势的变迁对宪法进行修改。当然，如果宪法的根本精神经常发生改变，就会扰乱国民生活的基本秩序，因此修宪必须特别谨慎。但在具体问题上，随时代的变化进行相应的修改，修宪反而能让宪法与国民生活的实际结合得更加紧密。

基于以上观点，重新思考近来人们热议的修宪问题，是非常有意义的。我们都必须立足于亘古不变的真理，参酌变动的时代精神，制定切合国民生活实际的宪法。如此，便能开辟出一条国家繁荣的康庄大道。

图书在版编目（CIP）数据

天心：松下幸之助的哲学／（日）松下幸之助 著；蒋敬诚 译. —北京：东方出版社，2021.11
ISBN 978-7-5207-2412-8

Ⅰ.①天… Ⅱ.①松… ②蒋… Ⅲ.①松下幸之助（1894—1989）—人生哲学 Ⅳ.①K833.135.38

中国版本图书馆 CIP 数据核字（2021）第 199076 号

MATSUSHITA KONOSUKE NO TETSUGAKU
Copyright © 2009 PHP Institute, Inc.
All rights reserved.
First original Japanese edition published by PHP Institute, Inc., Japan.
Simplified Chinese translation rights arranged with PHP Institute, Inc.
through Hanhe International (HK) Co., Ltd.

本书中文简体字版权由汉和国际（香港）有限公司代理
中文简体字版专有权属东方出版社
著作权合同登记号　图字：01-2019-3363 号

天心：松下幸之助的哲学（平装版）
（TIANXIN: SONGXIA XINGZHIZHU DE ZHEXUE）

作　　者	：[日] 松下幸之助
译　　者	：蒋敬诚
责任编辑	：钱慧春
出　　版	：东方出版社
发　　行	：人民东方出版传媒有限公司
地　　址	：北京市西城区北三环中路 6 号
邮　　编	：100120
印　　刷	：北京文昌阁彩色印刷有限责任公司
版　　次	：2021 年 11 月第 1 版
印　　次	：2021 年 11 月第 1 次印刷
开　　本	：787 毫米×1092 毫米　1/32
印　　张	：8
字　　数	：141 千字
书　　号	：ISBN 978-7-5207-2412-8
定　　价	：38.00 元
发行电话	：(010) 85924663　85924644　85924641

版权所有，违者必究
如有印装质量问题，我社负责调换，请拨打电话：(010) 85924602　85924603